小创客玩转科学

（小学科学·技术与工程）

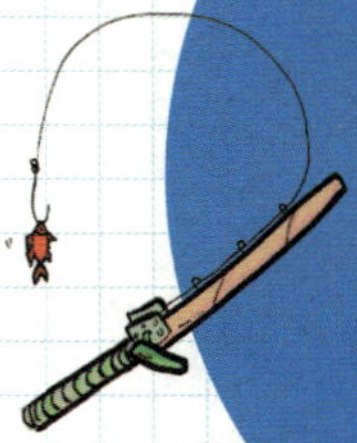

张 航 ◎ 主编

编委会

张 航　陈慕晗
谢 勇　黄晓曦
彭琳尧　叶宏亮

海峡出版发行集团
THE STRAITS PUBLISHING & DISTRIBUTING GROUP
福建科学技术出版社
FUJIAN SCIENCE & TECHNOLOGY PUBLISHING HOUSE

图书在版编目（CIP）数据

小创客玩转科学．小学科学·技术与工程／张航主编．—福州：福建科学技术出版社，2018.6（2022.11 重印）
ISBN 978-7-5335-5628-0

Ⅰ．①小… Ⅱ．①张… Ⅲ．①科学知识－小学－教学参考资料 Ⅳ．① G624.63

中国版本图书馆 CIP 数据核字（2018）第 079236 号

书　　名	小创客玩转科学（小学科学·技术与工程）
主　　编	张　航
出版发行	海峡出版发行集团 福建科学技术出版社
社　　址	福州市东水路76号（邮编350001）
网　　址	www.fjstp.com
经　　销	福建新华发行（集团）有限责任公司
印　　刷	福建新华联合印务集团有限公司
开　　本	787毫米×1092毫米　1/16
印　　张	8.75
图　　文	140码
版　　次	2018年6月第1版
印　　次	2022年11月第2次印刷
书　　号	ISBN 978-7-5335-5628-0
定　　价	45.00元

亲爱的小创客：

科学好玩吗？科学到底怎么玩？答案就在这本书里！

地球上除了有神奇的自然环境，还有反映人类智慧和文明的人工世界。我们身边有许多人造产品，比如剪刀、起重机、钓鱼竿、汽车等，极大地方便了生活。你想深入认识丰富多彩的人工世界吗？你想探寻这些人造产品蕴藏的科技秘密吗？你想知道工程师是怎么设计和制造产品的吗？你想利用生活中常见的机械原理做玩具吗？这本书能为你打开一扇通往技术与工程殿堂的大门，带你学习科学知识和制造方法，变身小小工程师！

你是不是迫不及待地要开始阅读这本书了呢？别急，首先提醒你一定不要看漏了，在第1课之前有个很重要的部分叫“小帮手”，帮助你认识和使用一些工具，它们是你跟着这本书动手制作时需要用到的！

在每一课的开头，你会先学到相关的科学知识。第1课到第4课学习的是杠杆、斜面、轮轴、滑轮等简单机械的知识，第5课到第8课学习的是基本传动方式的知识。这些知识会跟你做“自我介绍”，你了解它们以后，就可以很容易在生活中发现它们！

从第1课到第8课，你会一步一步地制作出16个有意思的科学玩具。第9课，也就是最后一课，将让你挑战一项更好玩的任务，完全体现你自己的创意。究竟是什么呢？先不告诉你，还是由你亲自揭开它神秘的面纱吧！

现在，让我们跟着这本书一起动脑动手，把超酷的创意变成美好的现实，享受玩转科学的乐趣！

目录

CONTENTS

小·帮手

我们要踏上神奇的玩转科学之旅了，你准备好了吗？

在正式动手制作之前，我们需要一些工具——人类活动的“小帮手”，它们是人的力量的一种延伸，会在各方面帮上大忙，快来一起认识！

尺 测量

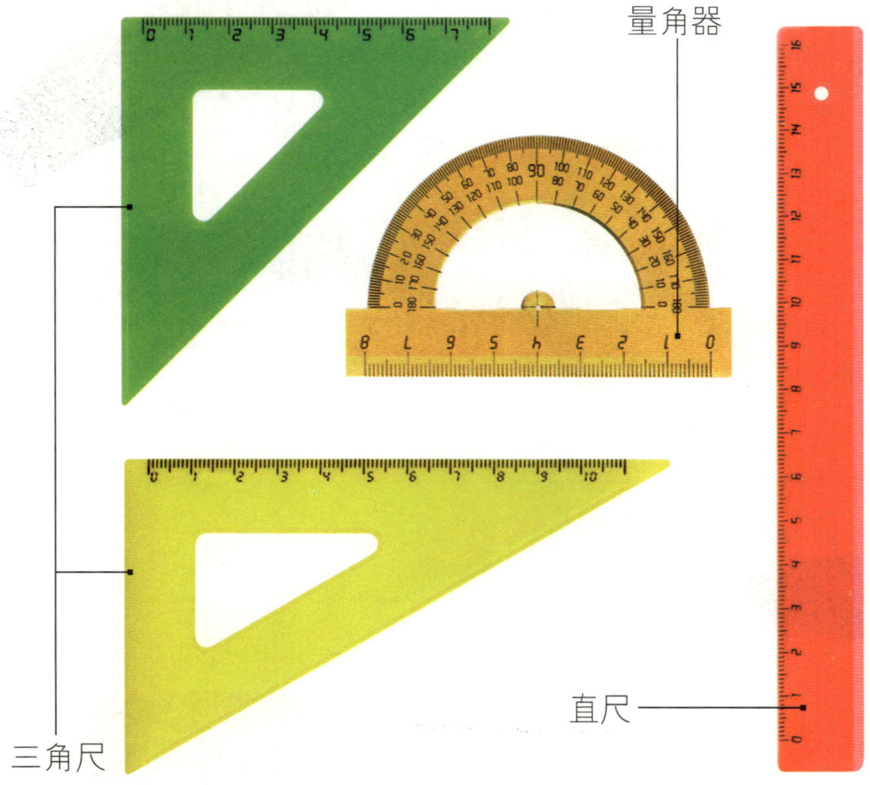

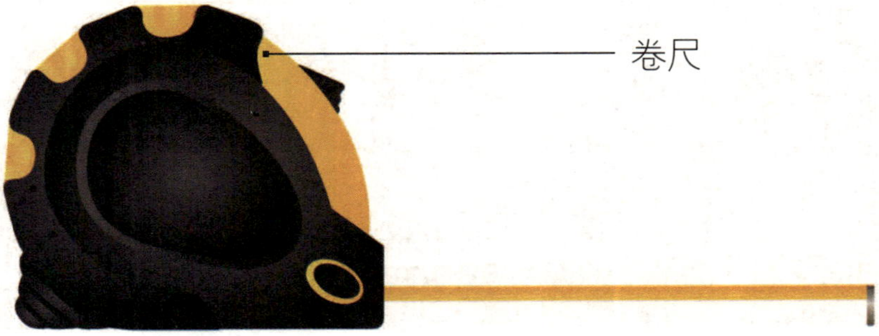

刀 裁剪

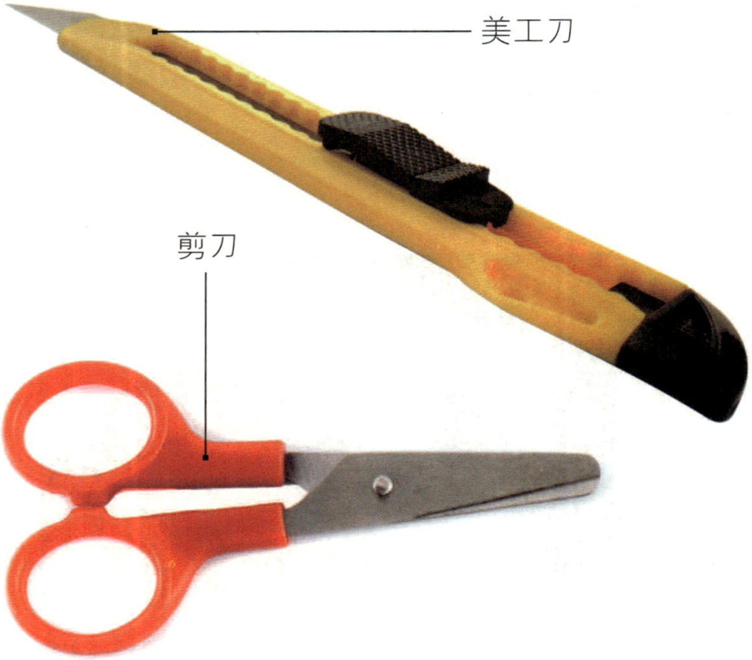

锥子 打孔

螺丝刀 ◀ 拧螺丝

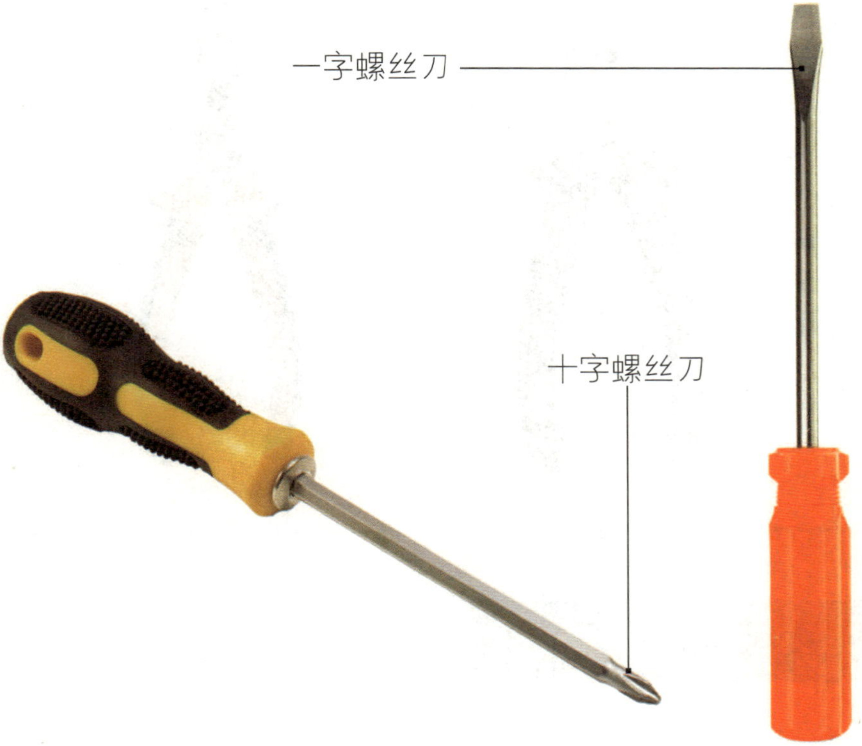

内六角扳手 ◀ 拧内六角螺丝

钳子 ◀ 夹持、固定、剪切、扭转、弯曲

热熔胶枪 ◀ 黏合

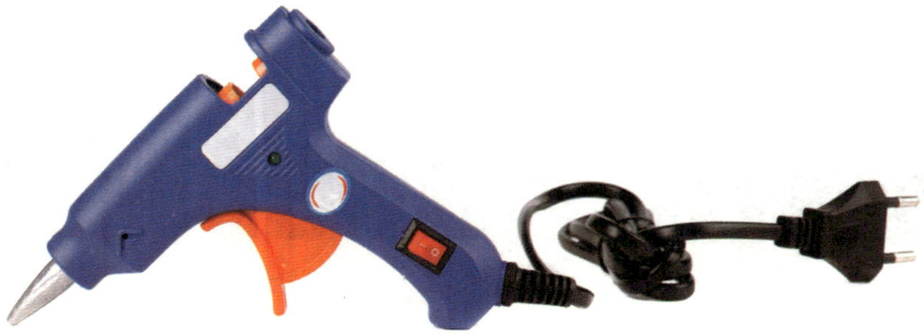

小心 因为这些“小帮手”的能力强大，所以我们为了不被误伤，一定要在大人的指导下使用！

第1课

杠杆支点最关键

我是杠杆

发现杠杆原理的著名科学家阿基米德曾说过：“给我一个支点，我就能撬起整个地球。”

如果没有支点，我只是一根普通的杆。有了支点，我力大无穷！

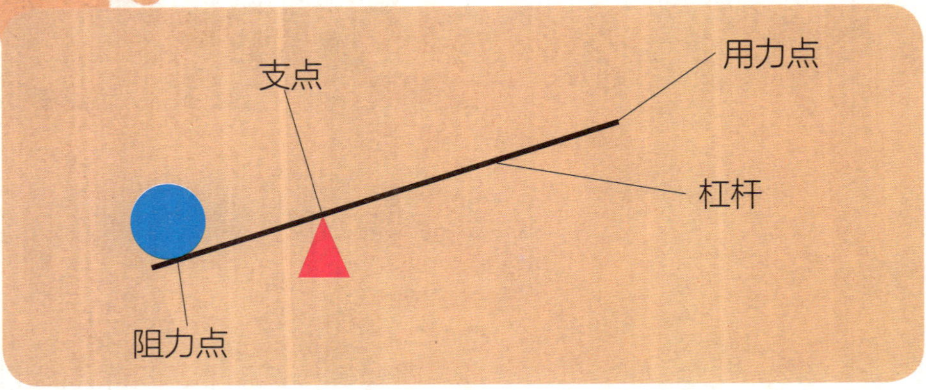

支点的位置不同，我的作用也不同！

省力杠杆	费力杠杆	平衡杠杆
	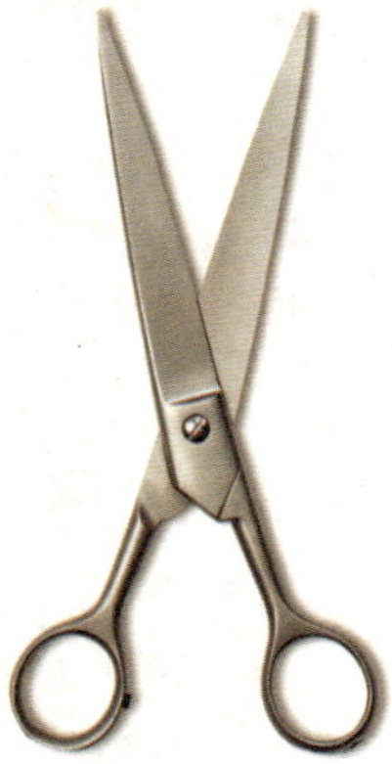	
支点靠近阻力点	支点远离阻力点	支点在两者中间
这时的我更省力	这时的我虽然费力，但能节省距离	这时的我左右平衡

找找我在哪儿

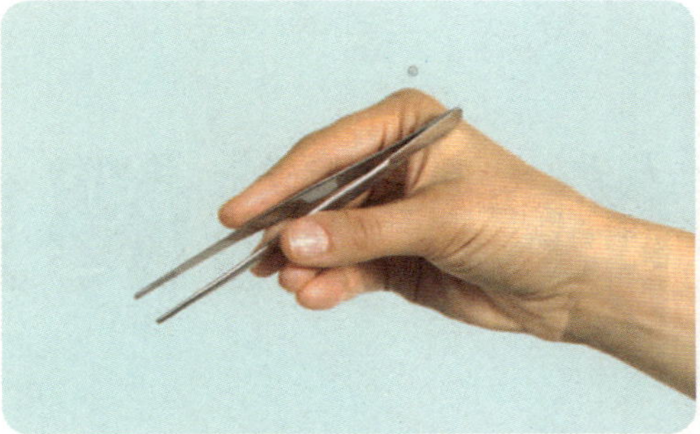

你知道吗

明代宋应星的著作《天工开物》被誉为“中国 17 世纪的工艺百科全书”，书中介绍了一种井上取水的农业用具——桔槔（jiégāo）。在水井边埋竖杆，把一根较长的横杆架在竖杆上，在横杆的末端悬挂一个重物，前端悬挂水桶。把水桶放入井中打满水后，人对横杆末端稍微向下施力，水桶就提上来了。桔槔实际上是杠杆，大大减轻了劳动强度，提高了劳动效率。

有故事的大嘴鳄鱼

你能想到鳄鱼也会成为听话的小宠物吗？虽然鳄鱼大大的嘴巴里长着锋利的牙齿，但嘴巴张开或合上全凭你的控制！快发挥丰富的想象力，让它做一只有故事的大嘴鳄鱼吧。

材料

卡纸 1 张
硫酸纸 1 张
鞋盒盖 1 个
按扣 1 个
扎带 1 根
吸管 2 根
双面胶 1 卷

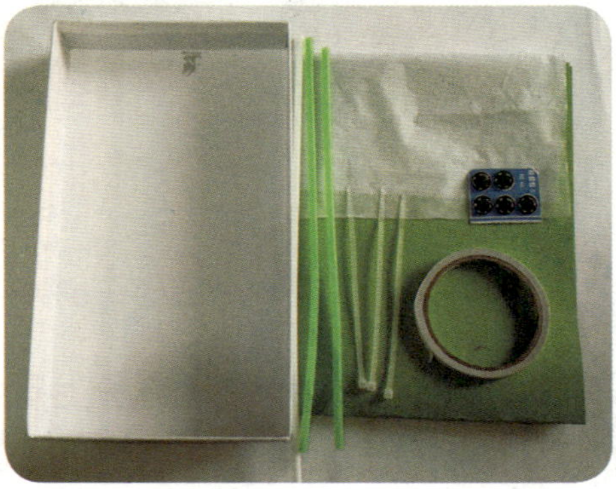

动手做

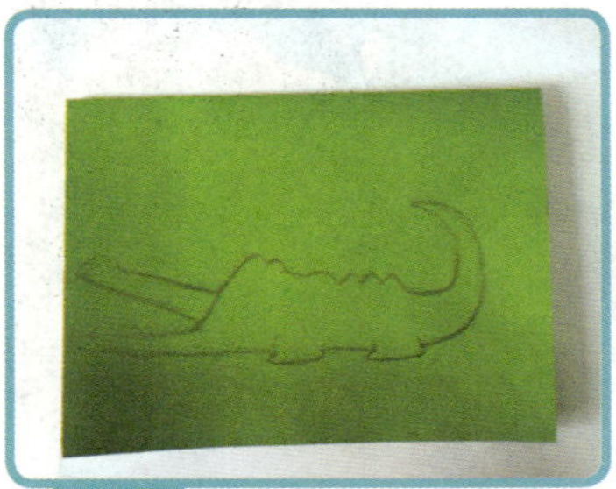

1 在卡纸上画出大嘴鳄鱼的形状。

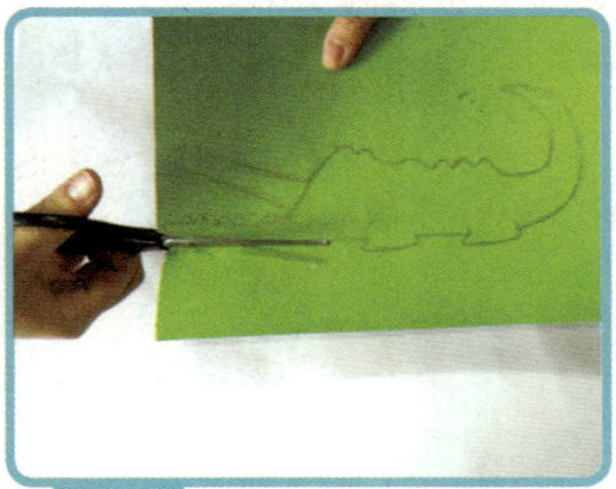

2 剪出鳄鱼的形状，注意不用剪出鳄鱼的上颚。

3 在卡纸上另外画一个鳄鱼的上颚，并将其剪下。

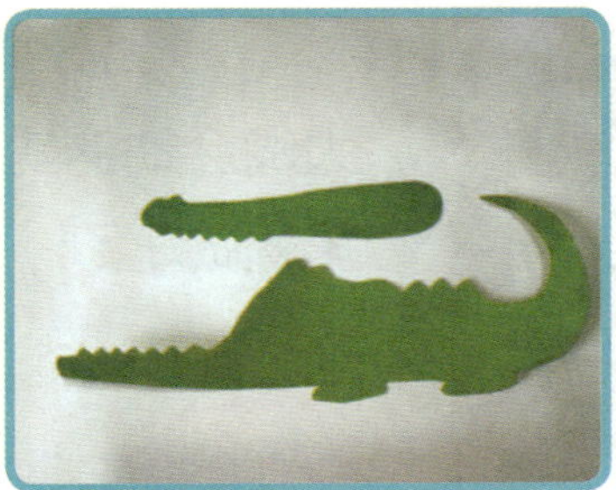

4 鳄鱼剪纸就准备好了。

5 上下颚对齐后，确定鳄鱼眼睛的位置。

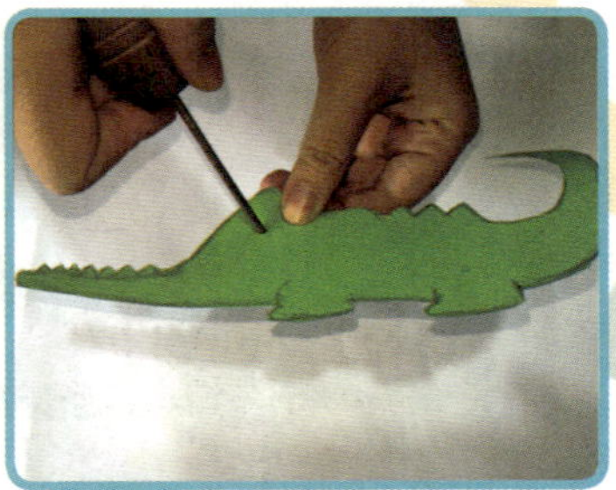

6 用锥子在鳄鱼的眼睛位置打孔。

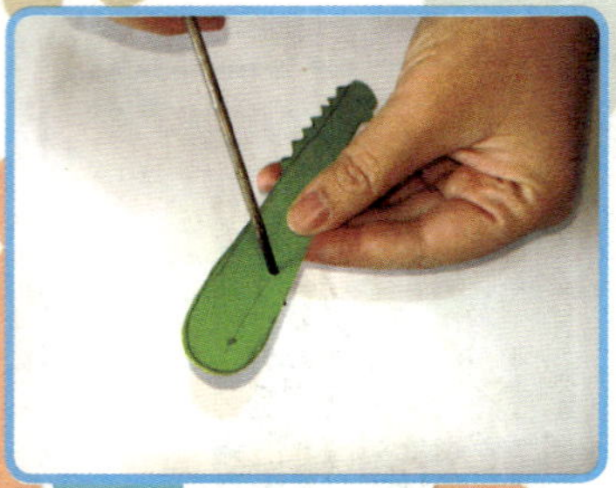

7

用锥子在鳄鱼的上颚上打两个孔，一个孔是与身体重叠的眼睛位置，另一个孔准备安装吸管把手。

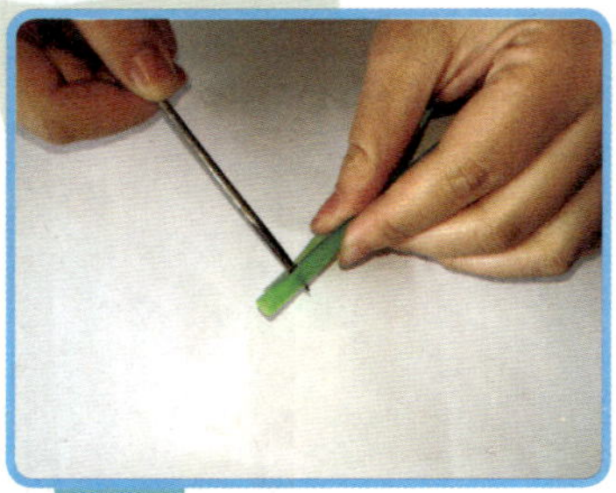

8

把鳄鱼上颚与吸管重叠，锥子通过鳄鱼上颚准备安装把手的那个孔，给吸管打孔。

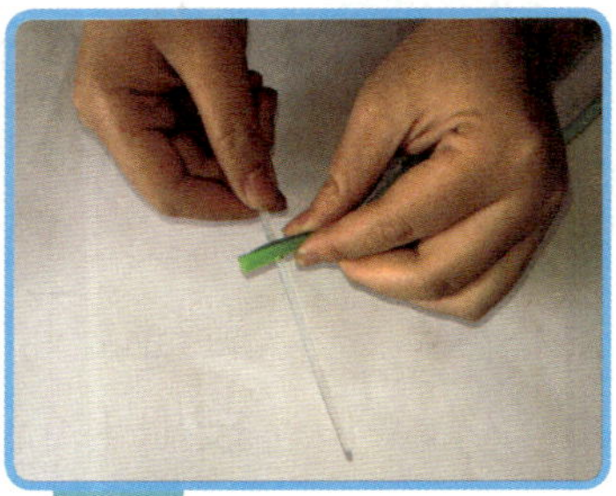

9

用扎带穿过吸管和鳄鱼上颚的孔。

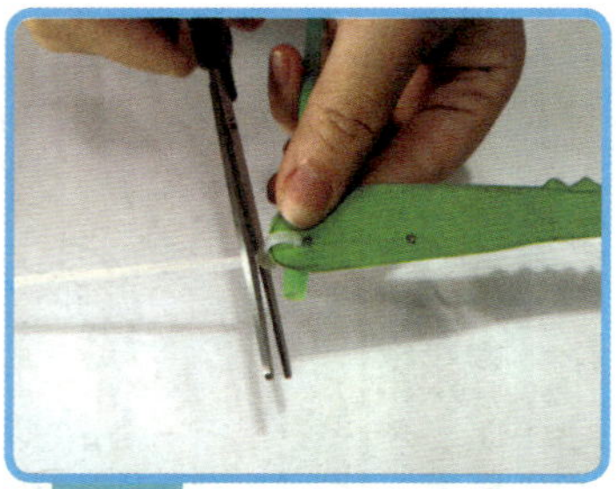

10

把扎带拉紧，剪去多余的扎带，将吸管与鳄鱼上颚连接起来。

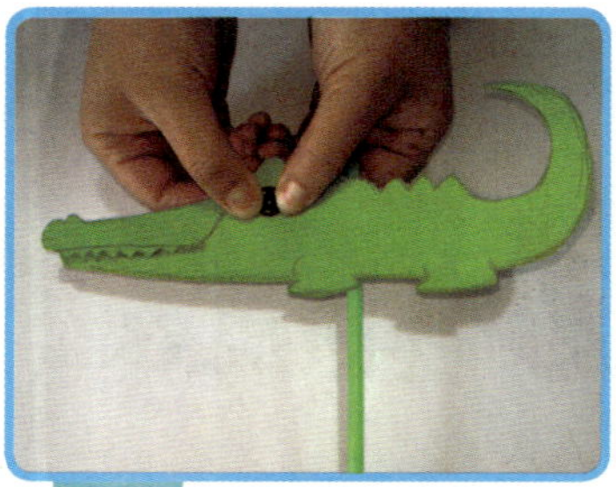

11

按扣安装在鳄鱼的眼睛位置，把鳄鱼的上颚固定在鳄鱼的身体上。

12

用双面胶把另一根吸管粘贴在鳄鱼身体上。

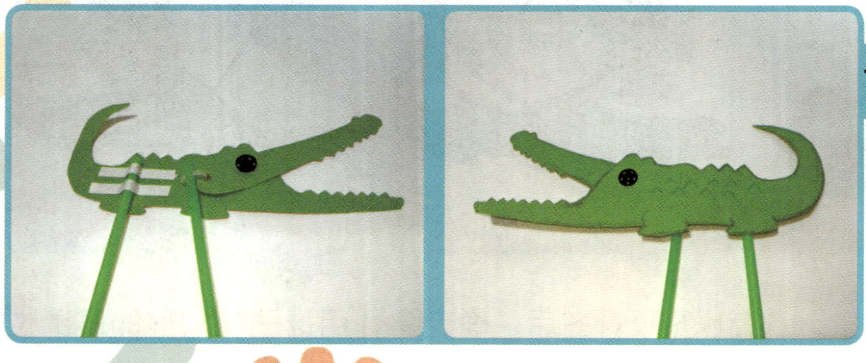

13

大嘴会动的鳄鱼就做好了！

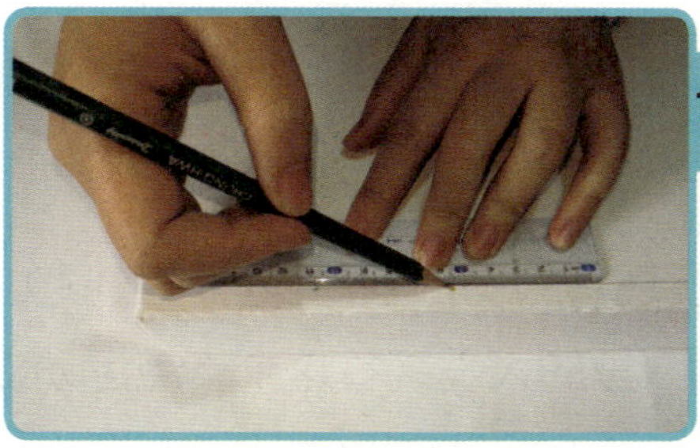

14 用大嘴鳄鱼讲故事，就还要制作一个皮影戏表演箱。首先在鞋盒盖上距离各边 1 厘米的地方画一个内框。

小知识 皮影戏是中国传统艺术，由人在幕布后面操纵剪影表演故事。

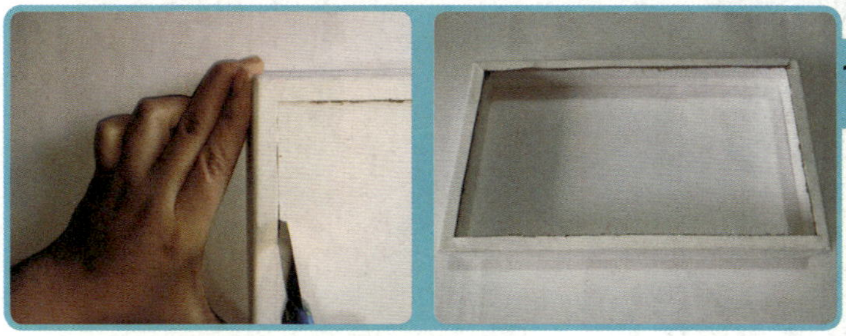

15 用美工刀沿着画好的线将鞋盒盖挖空。

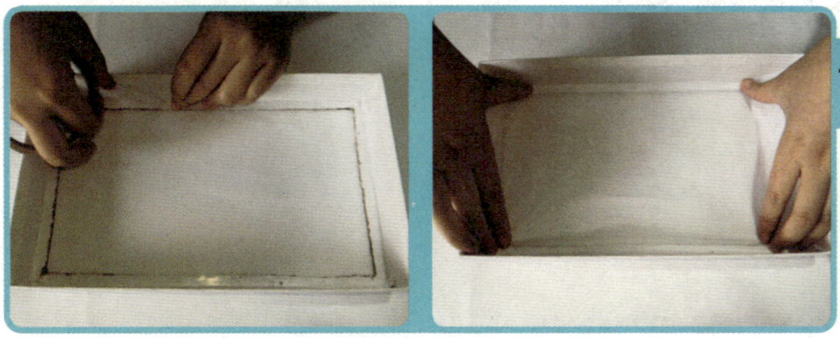

16 在鞋盒盖内侧贴上双面胶。蒙上硫酸纸，把它的四边粘贴好。

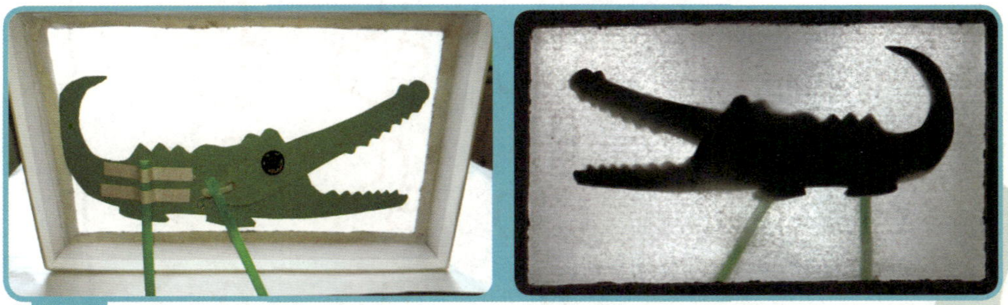

17

打开手电筒，上下移动鳄鱼上颚的把手，就可以演一出有趣的皮影戏了。

一起玩

鳄鱼大大的嘴巴一张一合，聪明的你一定发现它的奥秘了！鳄鱼的上颚实际上是个杠杆，支点就是鳄鱼用按扣做的眼睛，鳄鱼的大嘴绕着这个支点运动。

能不能让鳄鱼身体的更多部位动起来呢？

为自己点赞（给“点赞手”涂色）

●做起来容易吗？

●看起来漂亮吗？

●玩起来有趣吗？

简易小杆秤

我国古老的称重工具——杆秤，相传是2400多年前“木匠鼻祖”鲁班发明的。随着时代变迁，用杆秤的人少了，懂得做杆秤的人也越来越少。让我们学做简易小杆秤，做小小文化传承人，不让老祖宗的手艺失传！

材料

棉线 1 卷
木筷 1 根
重 50 克的螺母 1 个
塑料盘 1 个
回形针若干
1 元硬币若干
贴纸若干

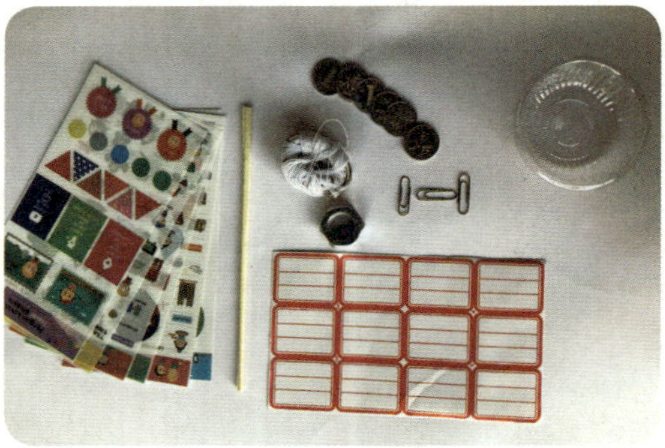

动手做

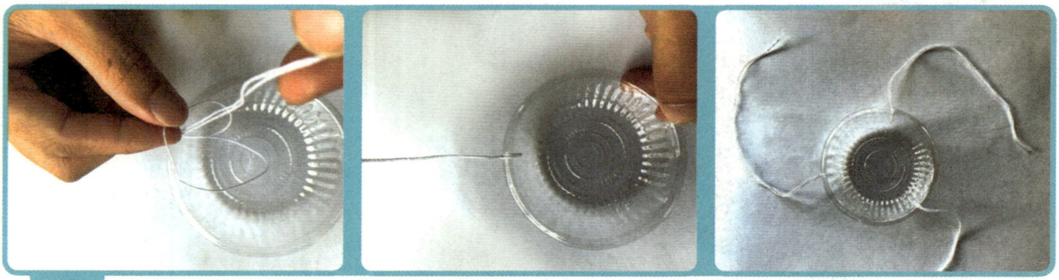

1

先做秤盘。用锥子在塑料盘边缘均匀打 3 个孔，再剪 3 根一样长的棉线，每条棉线的一头分别穿过 1 个孔，打结。

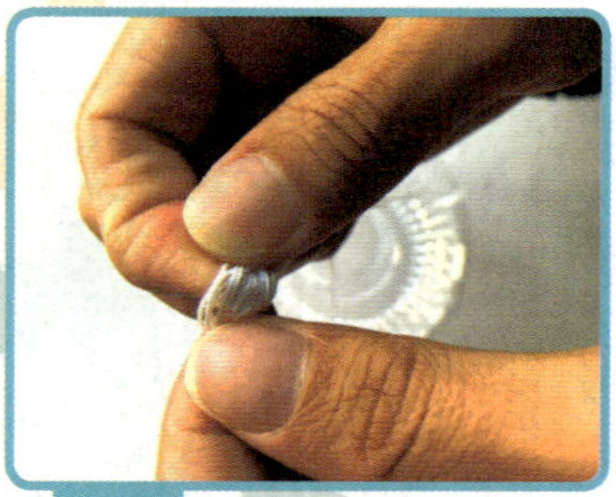

2

把 3 根棉线的另一头捏在一起，打个死结。

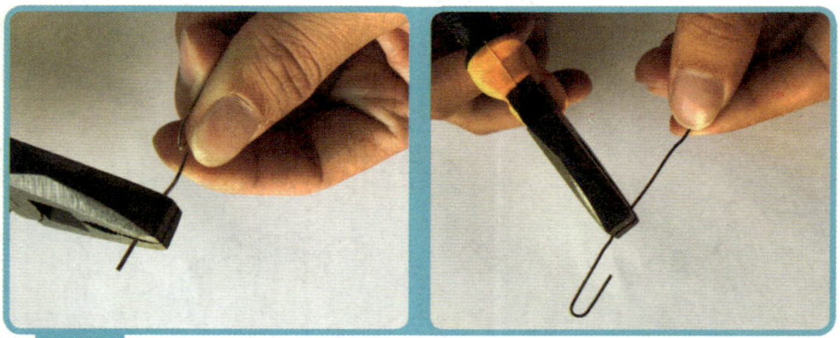

3

再做挂钩。用钳子把一枚回形针扳直。

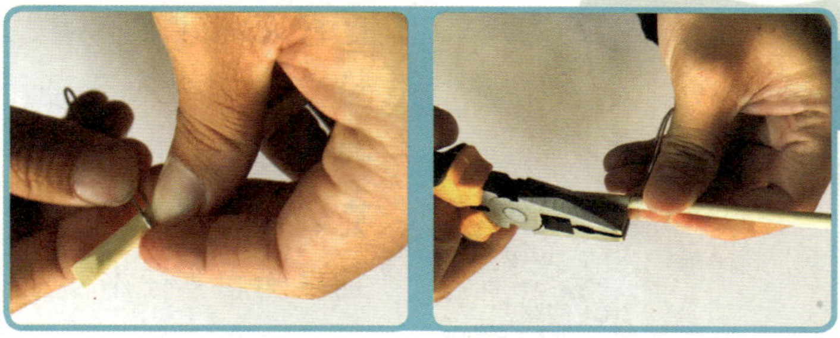

4 把扳直的回形针缠绕在木筷上，用钳子固定。

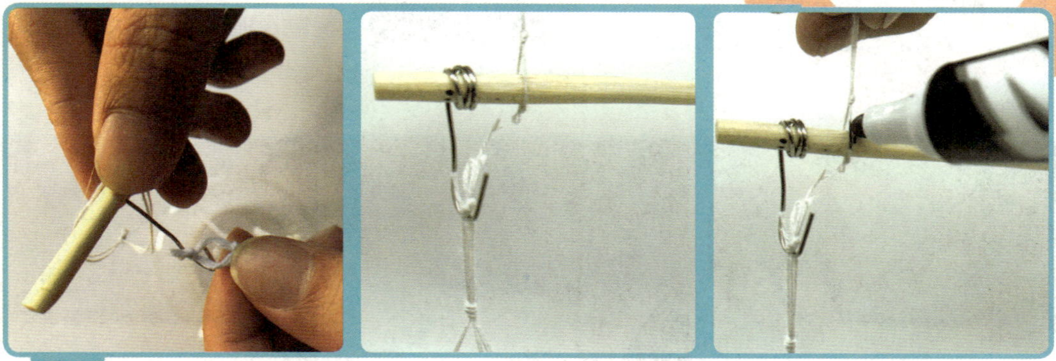

5

把空的秤盘挂在挂钩上，在筷子上套上活动的拎绳，移动拎绳在筷子上的位置，使杆秤保持平衡，然后用笔记下拎绳所在的位置，杆秤的支点就确定好了。

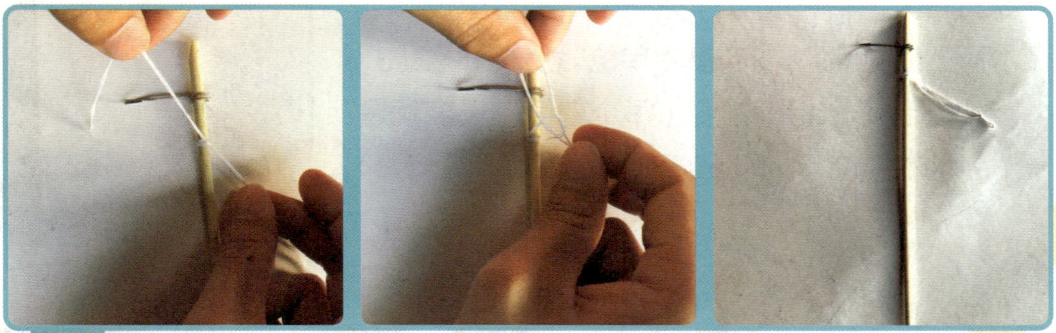

6

把拎绳固定在支点的位置。

7

接着做秤砣。把棉线穿过重 50 克的螺母，打结。

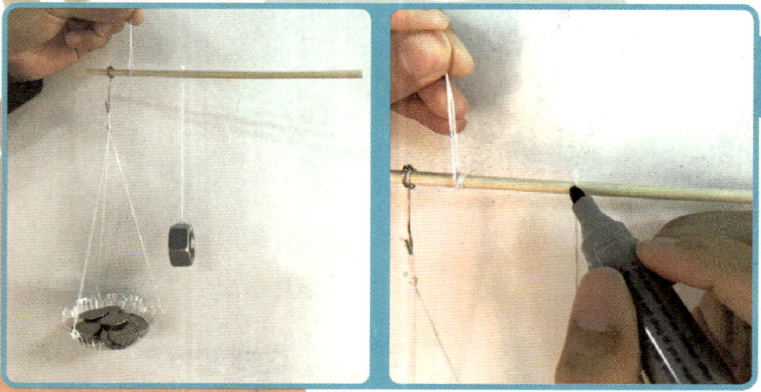

8

把秤砣绳穿在木筷上，在秤盘中放入 1 元硬币 25 枚（每枚重 6 克，共 150 克），调节秤砣位置，找到平衡点，在木筷上做记号，这个记号代表此时称重的物体是 150 克。

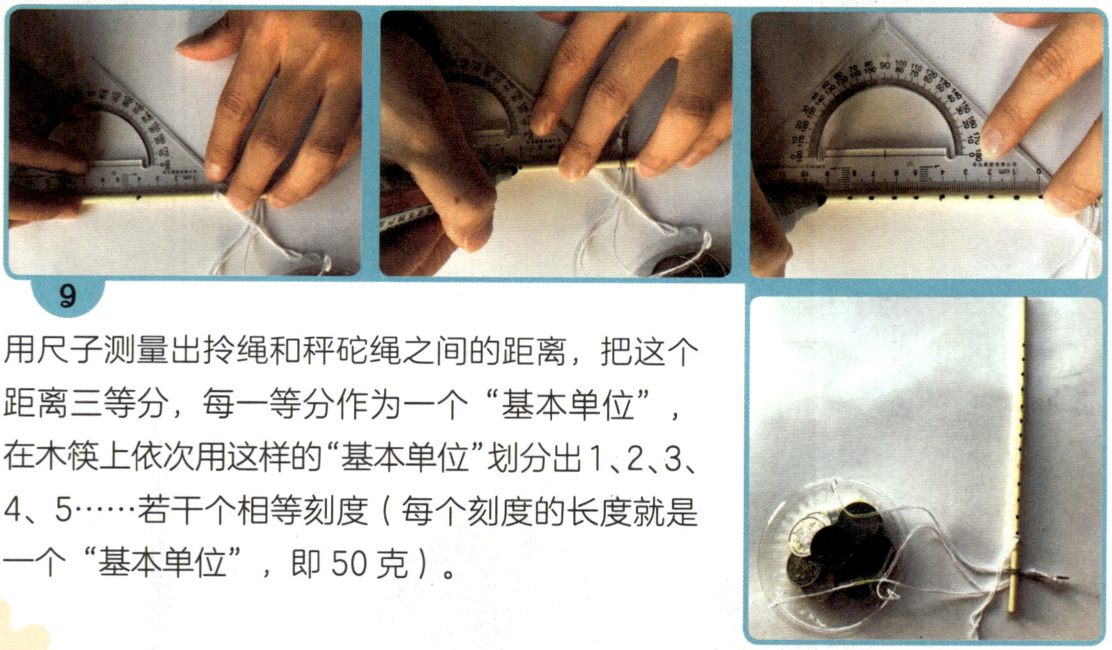

9

用尺子测量出拎绳和秤砣绳之间的距离，把这个距离三等分，每一等分作为一个“基本单位”，在木筷上依次用这样的“基本单位”划分出 1、2、3、4、5……若干个相等刻度（每个刻度的长度就是一个“基本单位”，即 50 克）。

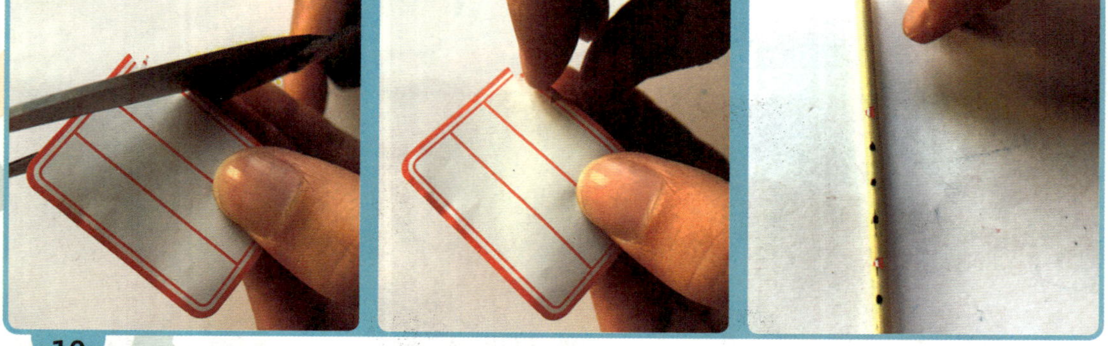

10

用贴纸在刻度上做记号。

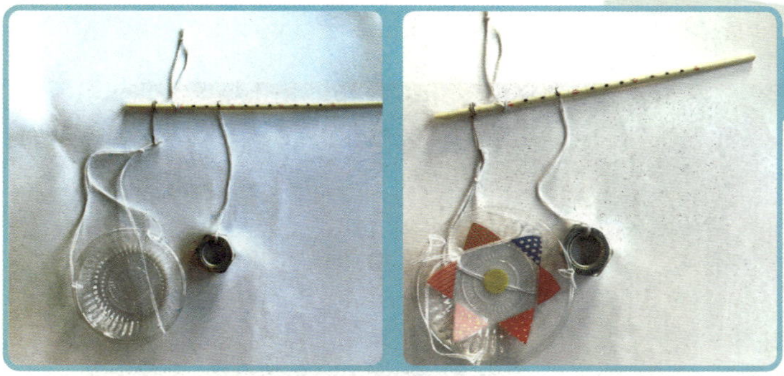

11 小杆秤就做好了。在秤盘上贴你喜欢的图案，让它变成你的专属物。

一起玩

在秤盘上放需要称量的物体时，杆秤的另一头就会抬起，移动秤砣的挂绳直到杆秤平衡。此时，秤砣挂绳所对应的刻度乘以 50 克，就是所称量物体的重量。所以，杆秤利用的是杠杆原理，拎绳与杆秤的连接处即支点。

快用你亲手制作的杆秤去称量身边的小玩意儿吧！

为自己点赞（给“点赞手”涂色）

- 做起来容易吗？
- 看起来漂亮吗？
- 玩起来有趣吗？

第2课

斜面造型很简单

我是斜面

当一个平面与水平面成一倾斜角度时，我就诞生啦！

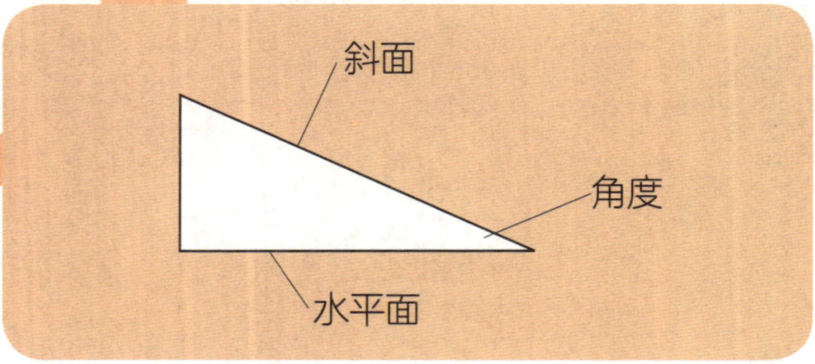

我造型简单，但作用可不小！看看下面的图，能知道我的作用吗？

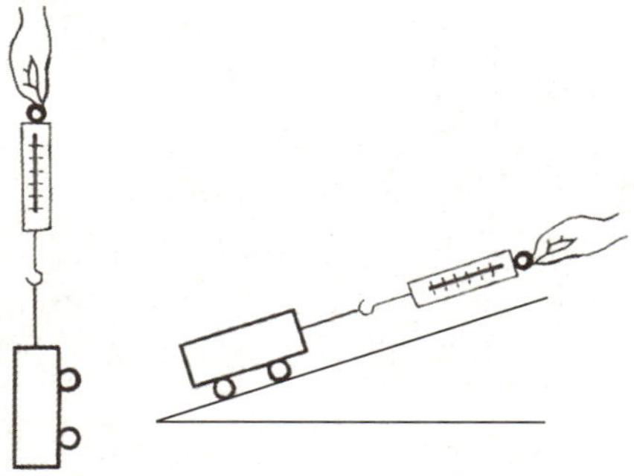

用力大小	
直接提升小车	1N
借助斜面提升	小于 1N

在我的帮助下，提升小车更省力！

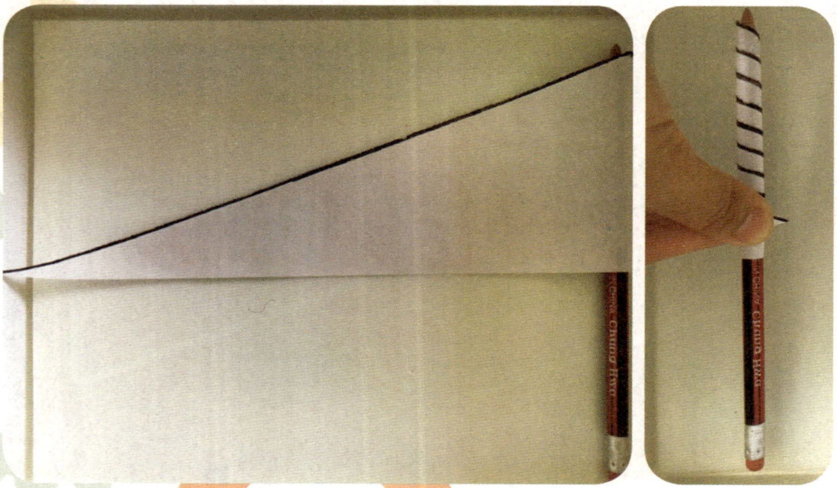

我还会变形，快看：我盘旋在铅笔上，就变成了螺旋斜面。

找找我在哪儿

你知道吗

在河南省林州市太行山有一座惊险的建筑——摩天筒梯，建在悬崖峭壁上，高达 88 米，直径 3 米，总共 331 步台阶。它巧妙应用斜面的原理设计，螺旋向上抵达山顶，也被称为亚洲第一摩天筒梯。

滑道飞车

你体会过走下坡路时速度变快的感觉吗？行驶的汽车遇到下坡路，如果不踩刹车也会速度加快！想给玩具小车加速，就亲手设计一个可以随意调节坡度的滑道，来场刺激的飞车竞赛吧！

材料

完整电线槽（包含上盖板和下盖板）1 条
玩具小车 1 辆
装饰贴纸若干

动手做

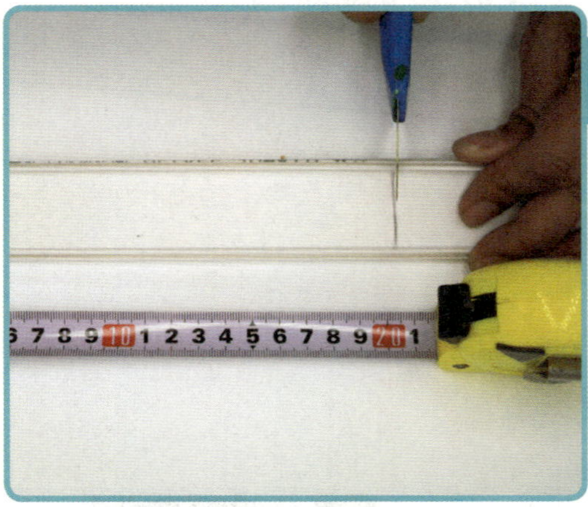

1 打开电线槽的上盖板后，用尺子量 20 厘米的长度，用美工刀切下，作为水平滑道。

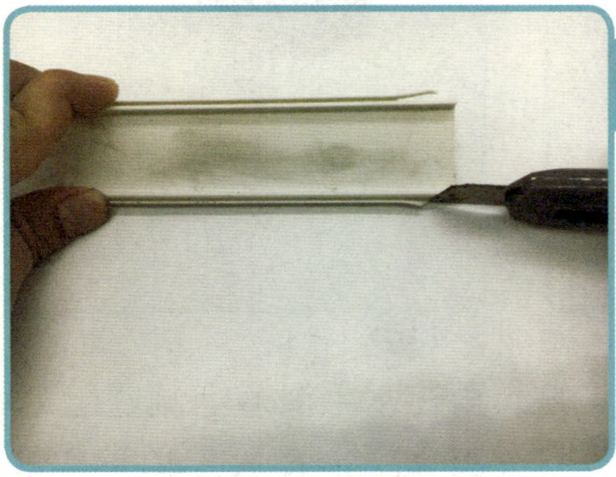

2 再用美工刀在上盖板两端各切开一卡口，剩余的上盖板作为斜面部分备用。

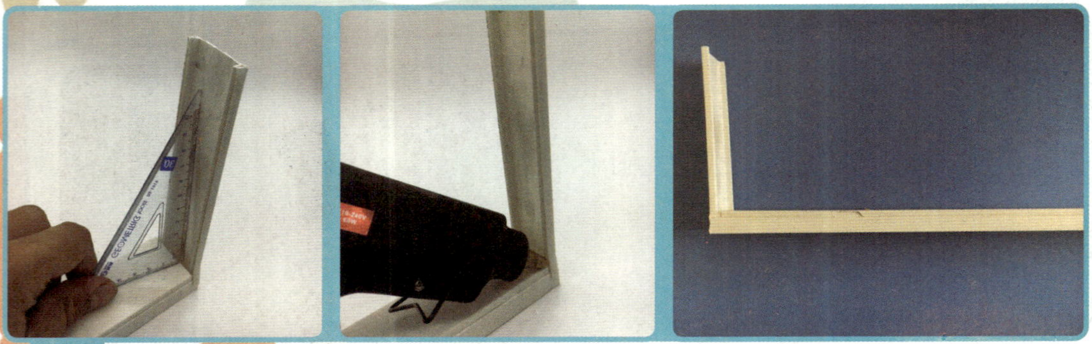

3

把完整电线槽作水平滑道，把上盖板切开的卡口对齐完整电线槽的边缘，用三角尺辅助，把上盖板垂直装入槽内，并用热熔胶固定，形成滑道的 L 形支架。

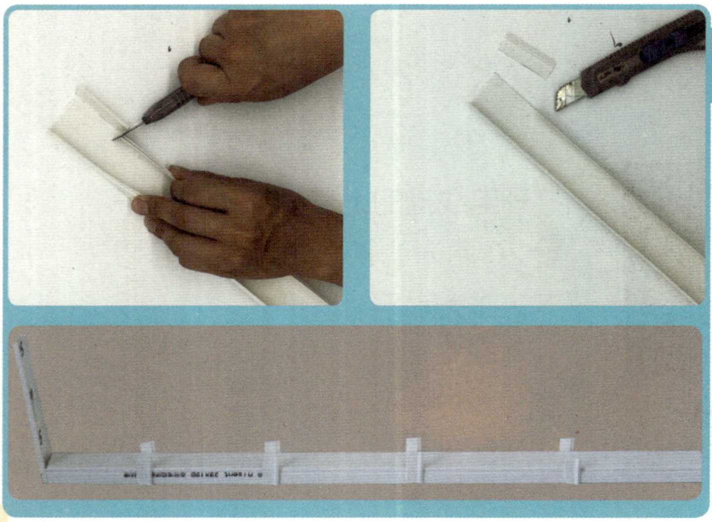

4

切出 8 个长方形小片做挡板，粘贴在水平滑道的两侧。

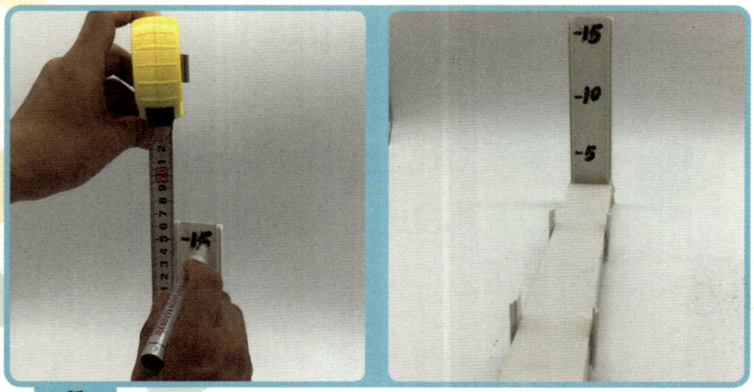

5

用卷尺在垂直方向测量出 5 厘米、10 厘米、15 厘米的高度，用记号笔标好。

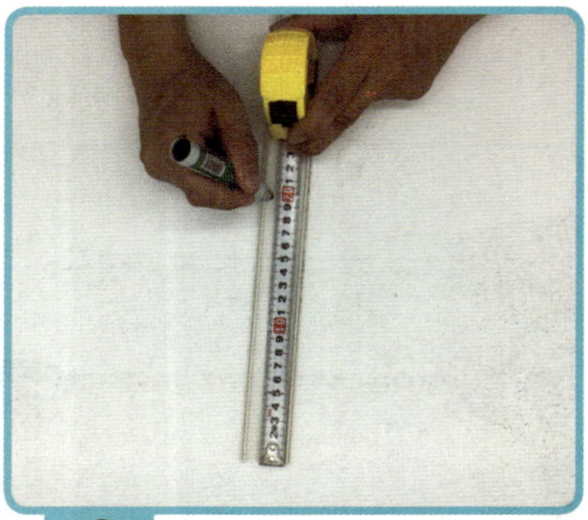

6

再在水平滑道上测量出 20 厘米、30 厘米、40 厘米的距离，用记号笔标好。

7

用美工刀在电线槽上盖板总长的三分之二处做2个V形切口。

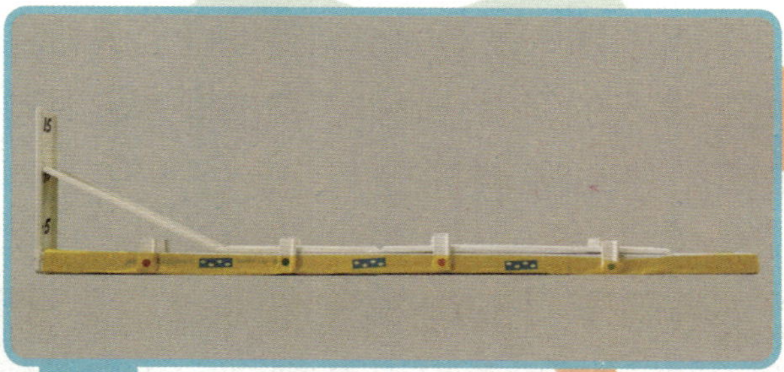

8

将上盖板沿V形切口折起，形成一个斜面和一个水平面，嵌入L形支架中。最后用装饰贴纸在滑道两侧贴出你喜欢的图案吧！

一起玩

等高下滑 把架在同样高度的滑道变成不同的长度，让小车跑起来。

等长下滑 把相同长度的滑道架在不同的高度，让小车跑起来。

你是否发现滑道一改变，小车的速度也跟着变化呢？奥秘在于这个滑道是可调节长短、高低的斜面。同样长度的滑道架得越高，小车跑得越快；同样高度的滑道越短，小车跑得越快。

为自己点赞（给“点赞手”涂色）

- 做起来容易吗？
- 看起来漂亮吗？
- 玩起来有趣吗？

旋转的飞碟

一道闪电划破夜空，一个大圆盘飘浮在空中，圆盘上布满各种颜色的指示灯，这是传说中的飞碟！世界各地都有人说曾经看到飞碟光顾地球，外星人就坐在里面。听起来是不是很神秘？现在，我们也来做旋转飞碟吧！

材料

空易拉罐 1 个　　硬质塑料片 2 片
粗吸管 1 根　　彩纸若干
乒乓球 1 粒　　超轻黏土若干
绝缘导线 1 根　　双面胶 1 卷

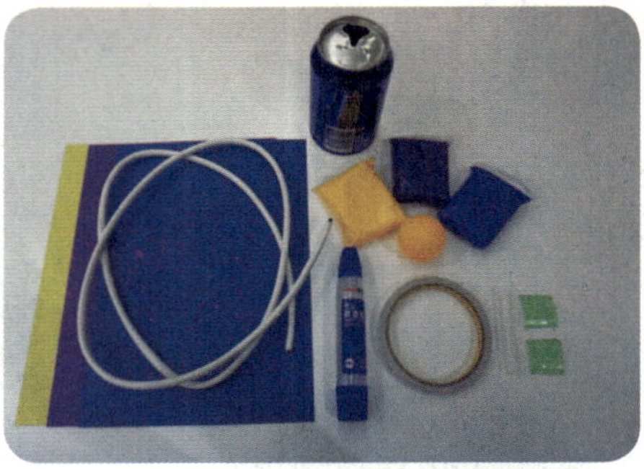

动手做

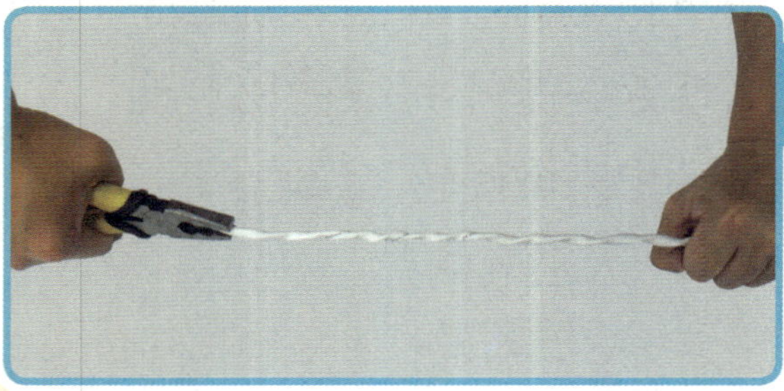

1 用钳子把绝缘导线拧成麻花状，做成麻花杆。

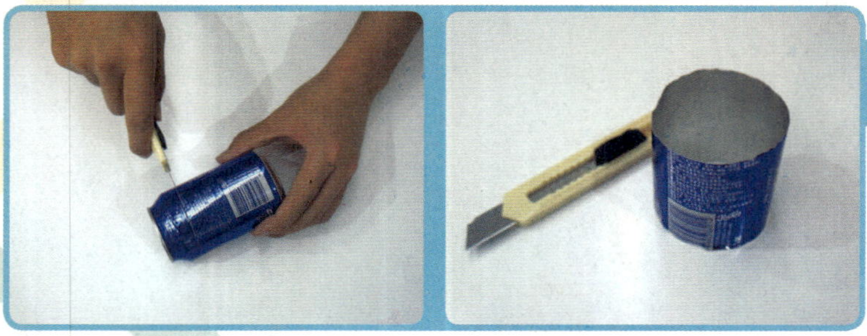

2 用美工刀剪掉空易拉罐的上半部分和下半部分，留下中间一截，并把边缘修平整，制作成圆环。

小心 切开的易拉罐边缘很锋利，慢慢做，不着急，不要割到手！

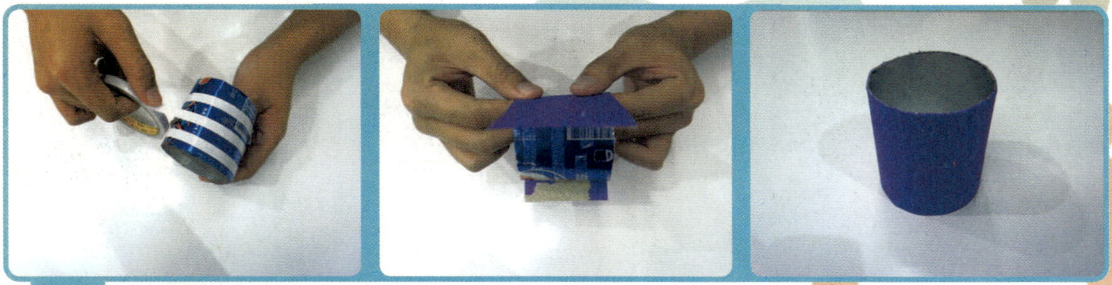

3

剪裁你喜欢的彩纸，借助双面胶粘贴在圆环上，给它穿上漂亮的“衣服”。

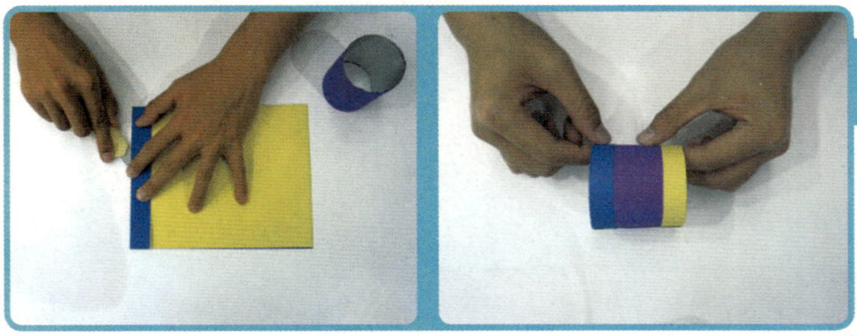

4 凭你的喜好多用几种颜色。

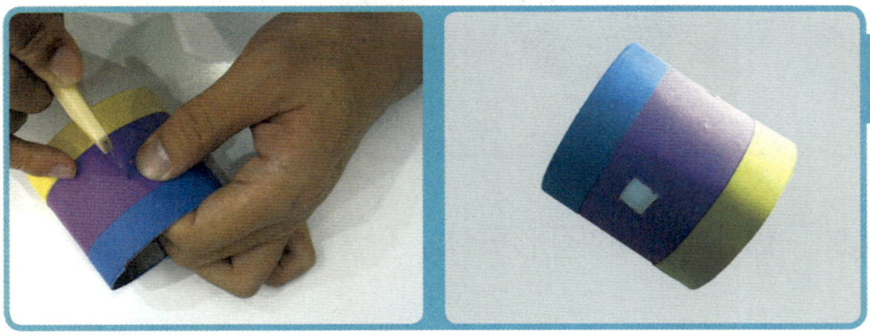

5 在圆环的两边对称地剪裁出两个孔，孔的大小要能穿过麻花杆。

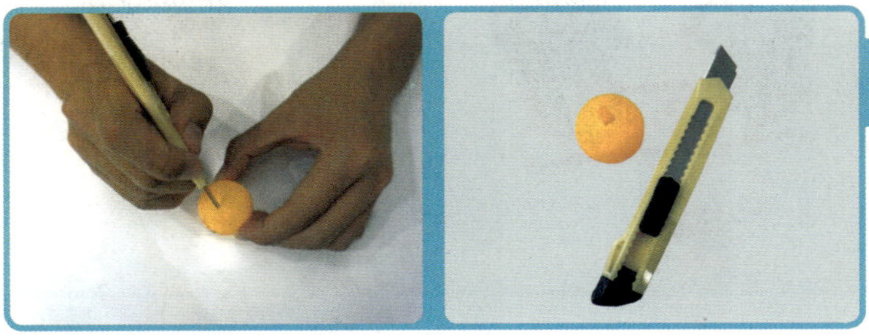

6 在乒乓球的两边也对称地割出两个孔，孔的大小要能穿过麻花杆。

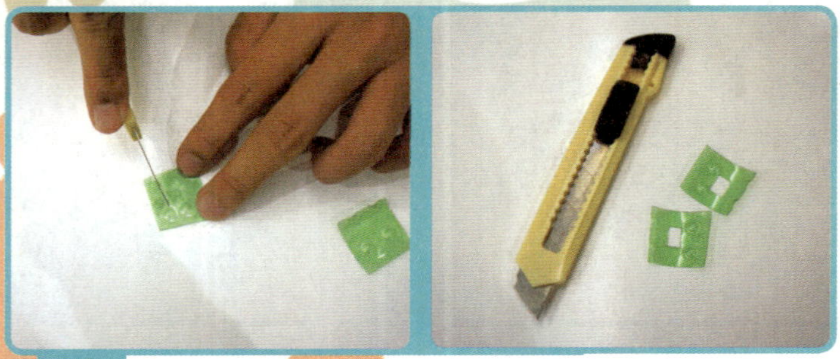

7

硬质塑料片如果没有现成的，就从空的大罐雪碧瓶上剪下来。在每块塑料片的中间裁出一个孔，孔的大小要能穿过麻花杆。

8

剪下一段长5厘米左右的粗吸管，套入制作好的麻花杆中，放上一块塑料片。

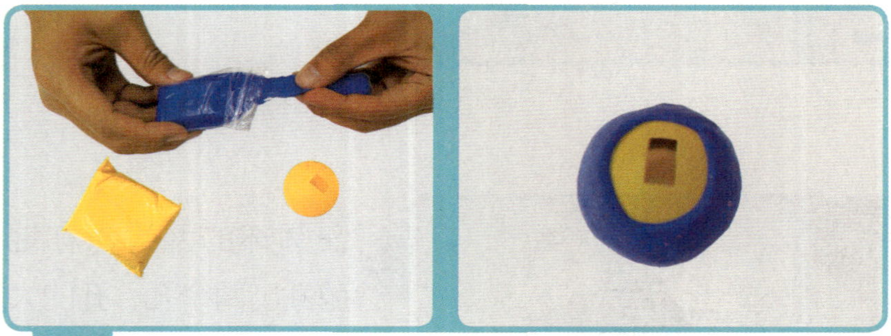

9

用彩色的超轻黏土装饰乒乓球，做出飞碟的圆形身体。

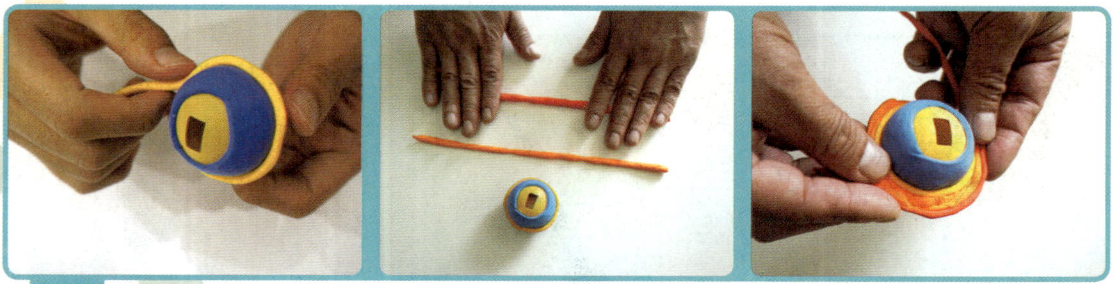

10

做出飞碟的大圆盘。

11 做出飞碟上的一圈小圆灯。

12 把圆环、塑料片、小球按顺序串在麻花杆上，注意两块塑料片的位置分别在圆环下方小孔的两边！

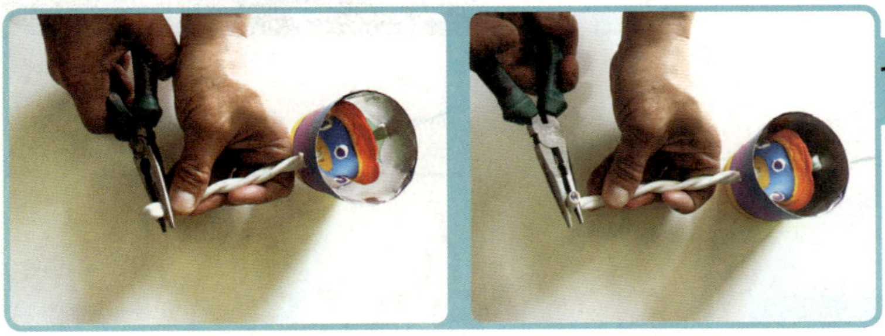

13 用钳子拗弯麻花杆的顶端，以防旋转的飞碟飞出轨道。

14 旋转的飞碟就做好了！

一起玩

反复向上推动粗吸管，飞碟在麻花杆上不停地旋转！

飞碟旋转的奥秘在于麻花杆的造型是螺旋斜面，飞碟顺着它向上运动就能旋转！

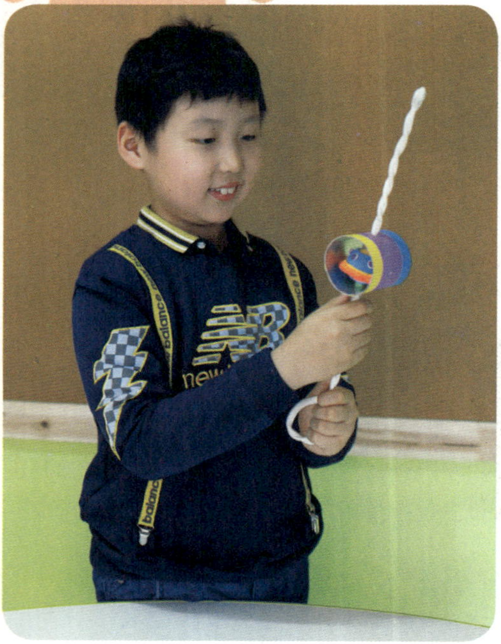

为自己点赞（给“点赞手”涂色）

●做起来容易吗？

●看起来漂亮吗？

●玩起来有趣吗？

第3课

旋转轮轴真奇特

我是轮轴

当轮与轴相互组合，绕共同轴线旋转时，就造就了我！

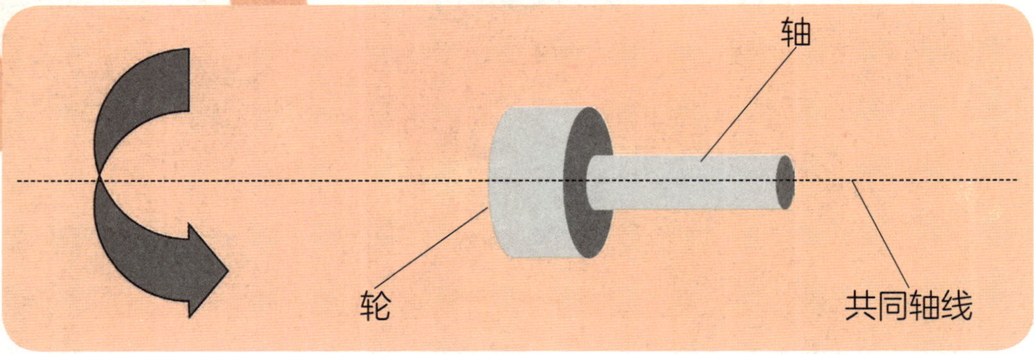

能从下图中看出我的本领吗？

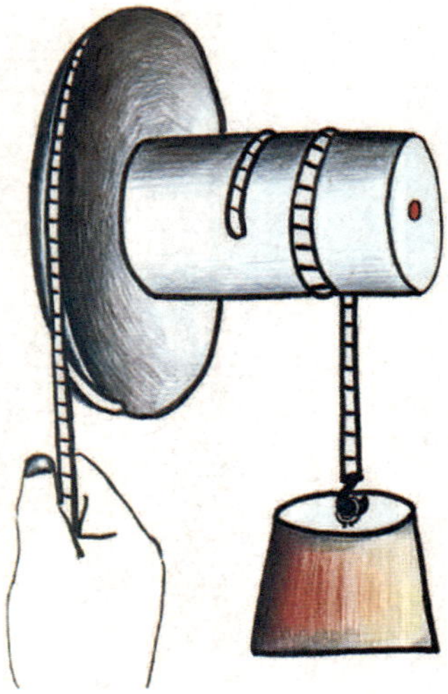

轮带动轴　当拉动轮上的绳子的时候，轴上的绳子也跟着动，进而提升物体。

轴带动轮　当拉动轴上的绳子的时候，轮上的绳子也跟着动，进而提升物体。

那我是省力还是费力呢？不一定！秘密在于半径（R）！

半径大的轮带动半径小的轴——省力！

半径小的轴带动半径大的轮——费力！

找找我在哪儿

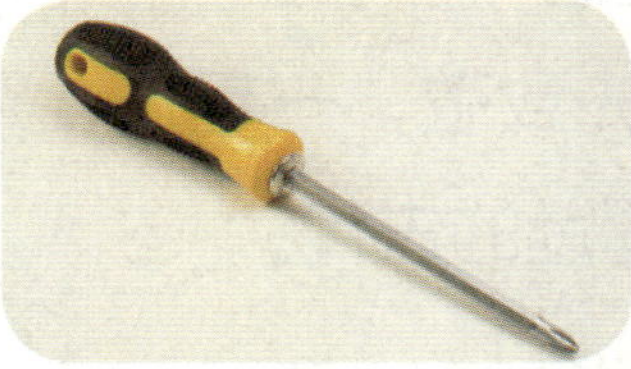

你知道吗

龙骨水车是我国古代灌溉工具。它的主要装置是一个木板制成的槽，槽内相隔一定的距离放置木块，这些木块连结起来，整个样子像龙的骨架。使用时，人扶着水车顶端上的木架，用脚踩动拐木，带动下面的木块沿着木槽往上移动，由此把水提上岸；而后木块又往木槽的背后往下移动，直至绕过下端的轴，重新刮水。后来人们改进龙骨水车，发明了“畜力龙骨水车”“水转龙骨水车”。

轱辘井

我国古人为了方便从较深的井里提水，发明了轱辘（gū·lu）井。转动轱辘，把水桶放到井下，再反方向转动轱辘，满满的一桶水便提上来了。向智慧的祖先致敬，一起做古色古香的轱辘井，穿越回遥远的古代。

材料

5 层瓦楞纸 1 块
卡纸 1 张
大卷卫生纸的纸筒 1 个
长 16 厘米的铜丝 1 根
用完的水笔笔芯 1 根
棉线 1 根
双面胶 1 卷

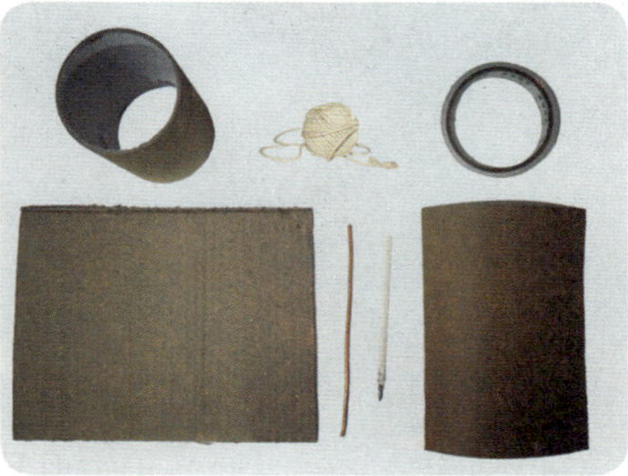

动手做

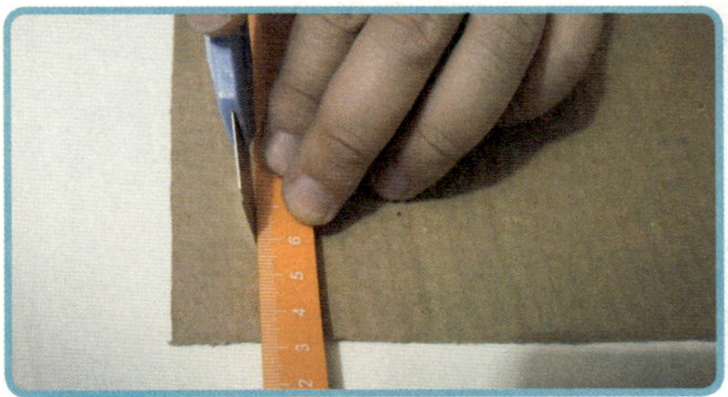

1

先做支架。用美工刀把瓦楞纸裁成两条长 18 厘米、宽 2 厘米的长方形。注意长边与瓦楞纸的条纹平行。

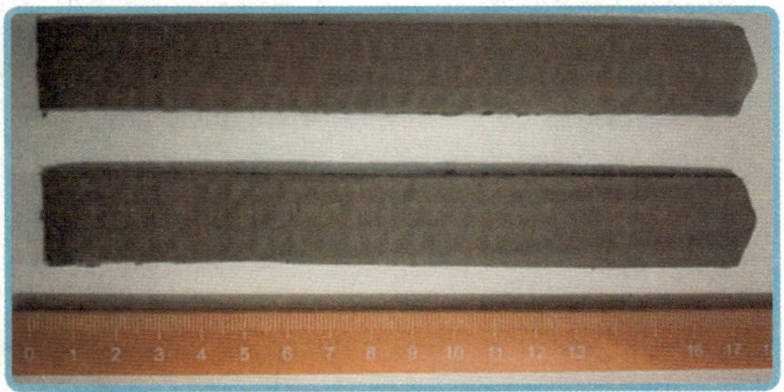

2

分别把两条瓦楞纸的一个窄边裁剪成等腰钝角三角形。

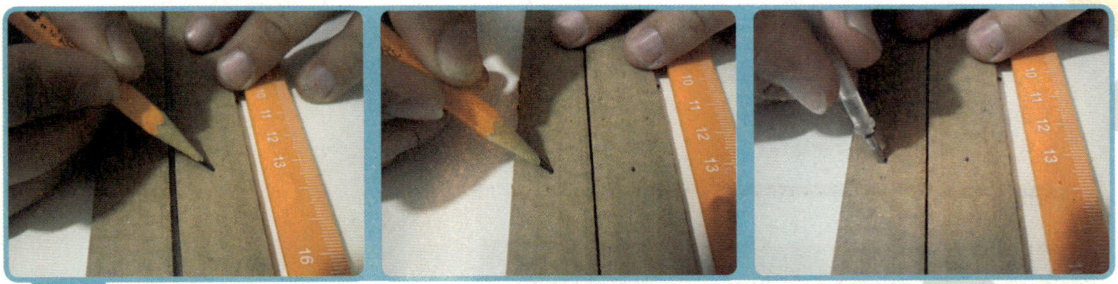

3

分别在两条瓦楞纸的 13 厘米处中心做记号，然后打孔，注意孔要刚好能穿入笔芯。

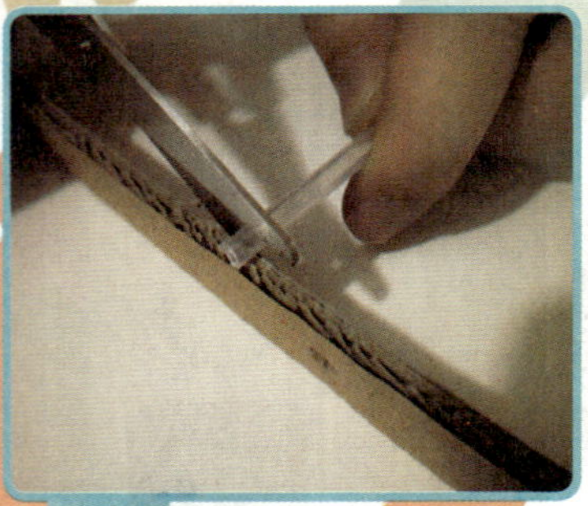

4

按瓦楞纸的厚度，用剪刀截取笔芯两段。

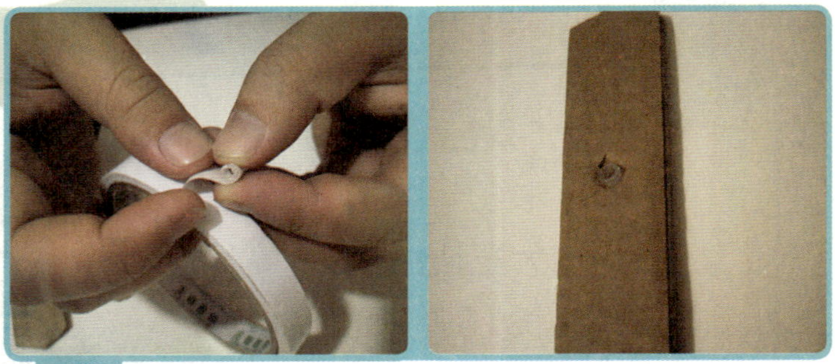

5

两段笔芯的外面都包一层双面胶，分别塞进两个支架孔中。

6

把铜丝弯曲成三段，使之头尾的水平距离为 13 厘米。

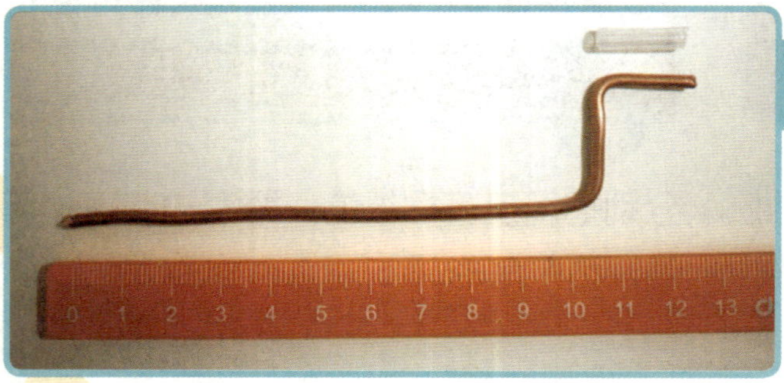

7

剪取一段短的笔芯。

8

套在短的那一段铜丝上。

9 接着做轱辘。把卡纸裁剪成两块长 18 厘米、宽 3 厘米的长方形。

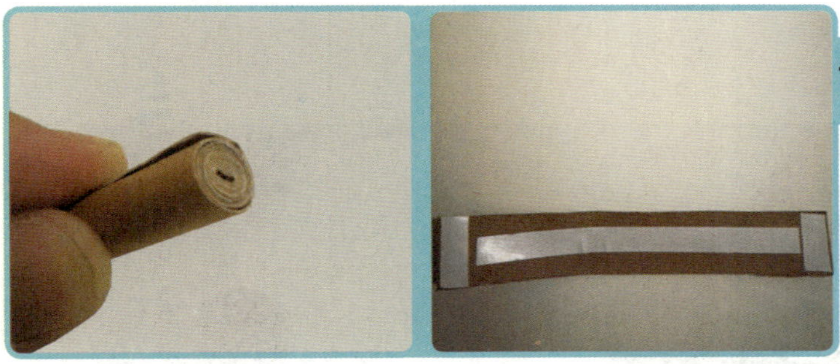

10 其中一张卡纸备用，把另一张卡纸卷成卷再打开，在里面贴双面胶。

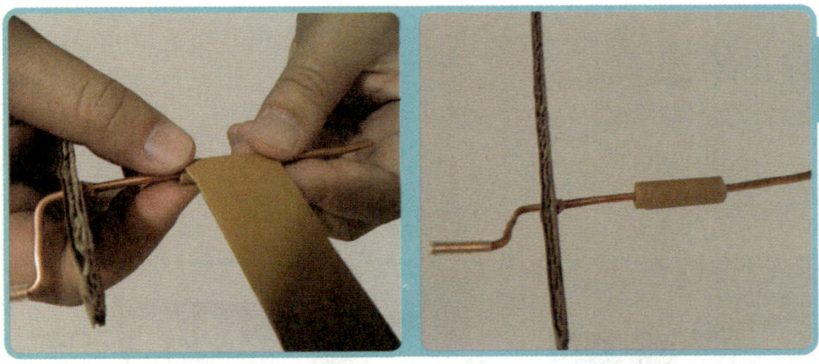

11 把弯曲的铜丝穿入一边支架，撕开双面胶，将卡纸卷在铜丝上做成轱辘。

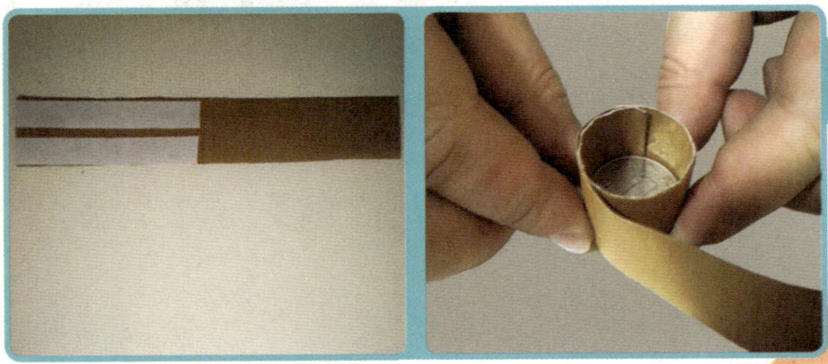

12 给另一张卡纸贴双面胶，利用几枚 1 元硬币卷成无底面圆柱。

13

利用 1 元硬币，在卡纸上画出圆形，并剪成齿轮的造型。在锯齿部分贴双面胶，把锯齿贴在圆柱内侧，做成水桶的底面。

14

在水桶口边缘对称位置打两个孔，穿绳子。

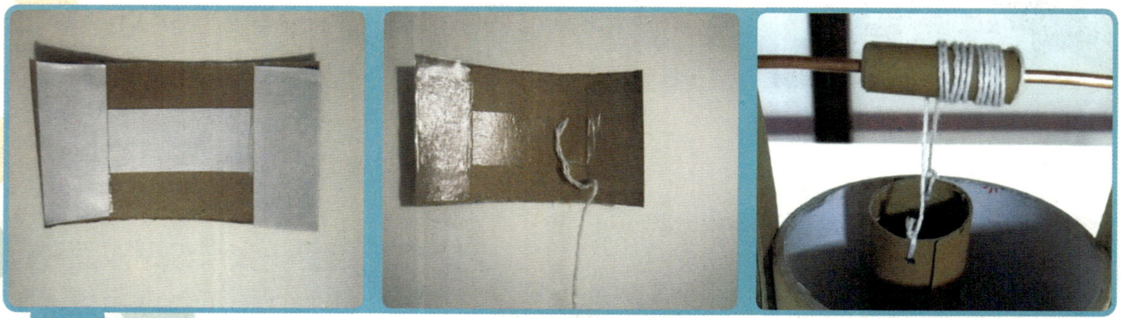

15

剪两块长 5 厘米、宽 3 厘米的卡纸，贴双面胶，粘上水桶的绳头，包在轱辘上。

16 把轱辘穿上另一边支架，在纸筒两边贴双面胶，与支架粘在一起。

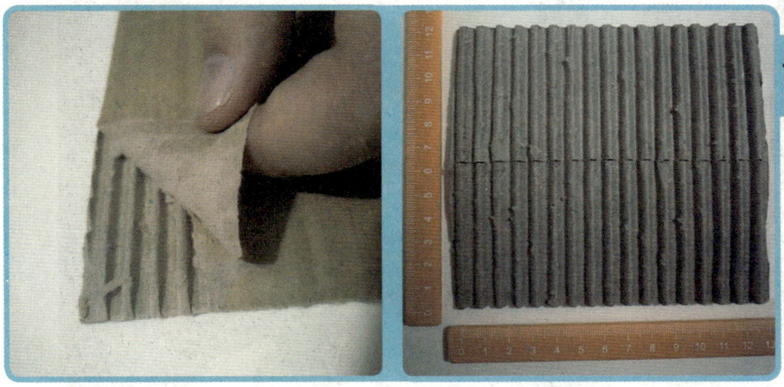

17 把瓦楞纸一面最外层的纸皮撕去。再把瓦楞纸裁剪成长 13 厘米、宽 12 厘米的长方形。

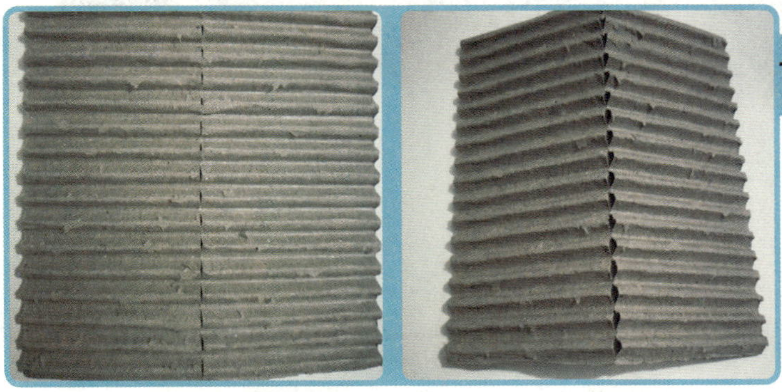

18 在瓦楞纸中间正反两面都用美工刀轻轻划一道。注意划痕与瓦楞纸的条纹垂直，不能切断。把瓦楞纸折成屋顶造型。

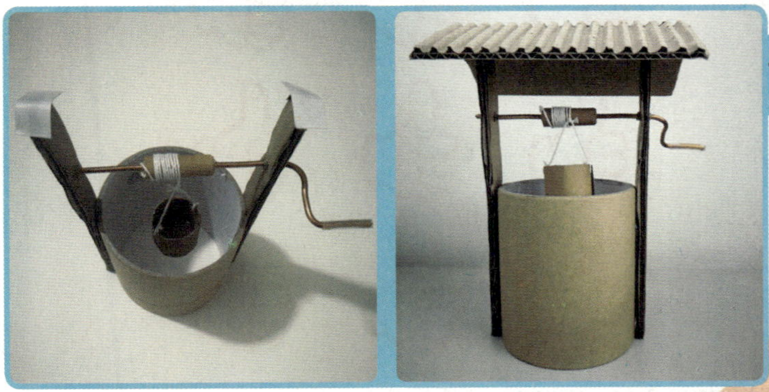

19 在支架顶部贴双面胶，粘贴屋顶。

一起玩

转动手柄，轱辘也跟着转动，水桶就可以上升或下降。我们垫高支架，可以造出更深的井。

你有办法让井绳在轱辘上排列整齐吗？

为自己点赞（给“点赞手”涂色）

- 做起来容易吗？
- 看起来漂亮吗？
- 玩起来有趣吗？

捕鱼神器

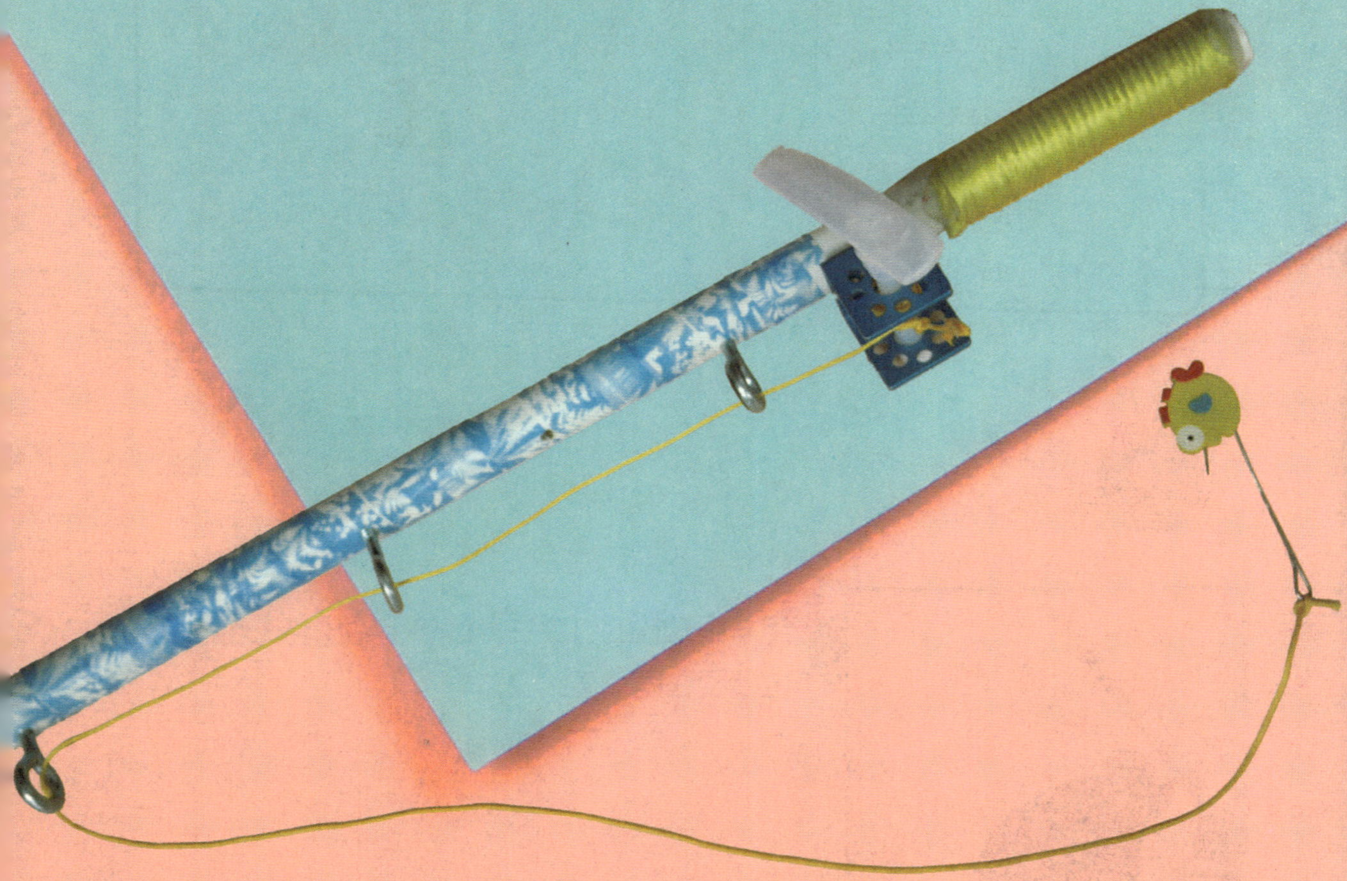

你想随时随地享受钓鱼的乐趣吗？你想要一根不仅能钓鱼还能钓其他小东西的钓竿吗？用身边的材料就能做出方便又可爱的小钓竿，快来试试吧！

材料

PVC 穿线管 1 根
洗手液按压泵头 1 个
凹形金属框 1 个
内六角螺丝 2 个
羊眼螺栓若干
尼龙线若干
快干胶 1 瓶
回形针 1 个

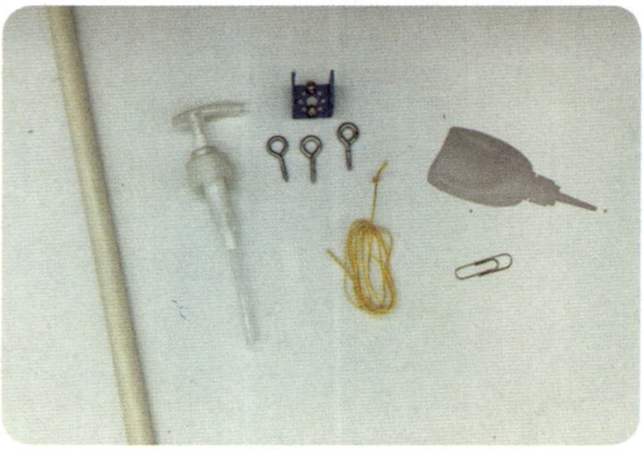

动手做

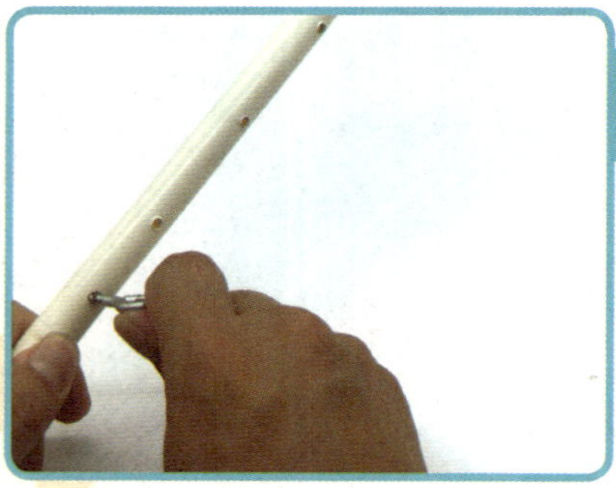

1 用羊眼螺栓的钉尖在穿线管上钻出若干个小孔，位置要在同一直线上。

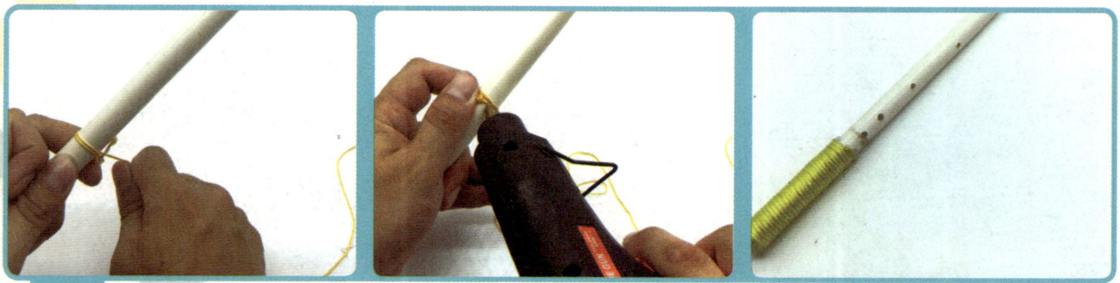

2 在穿线管的一端用尼龙线反复缠绕。用热熔胶固定线头，做成捕鱼神器——钓鱼竿的握柄。

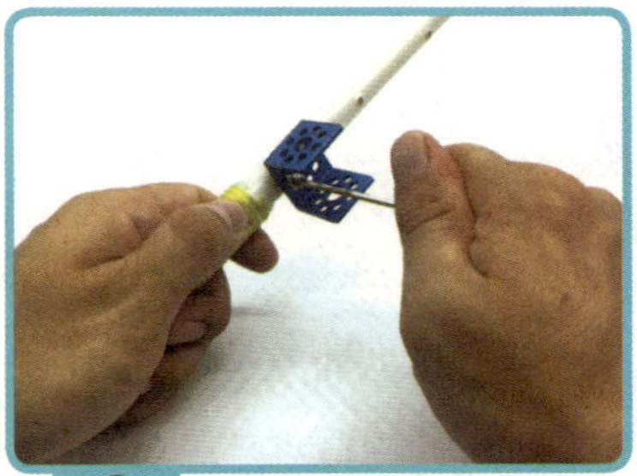

3

把凹形金属框安装在钓鱼竿握柄顶部，用内六角扳手拧紧内六角螺丝，使凹形金属框牢牢固定在钓鱼竿上。

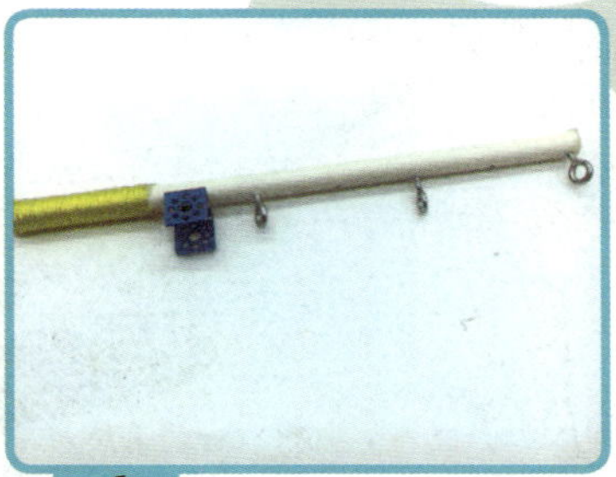

4

把羊眼螺栓插入相应的孔位。

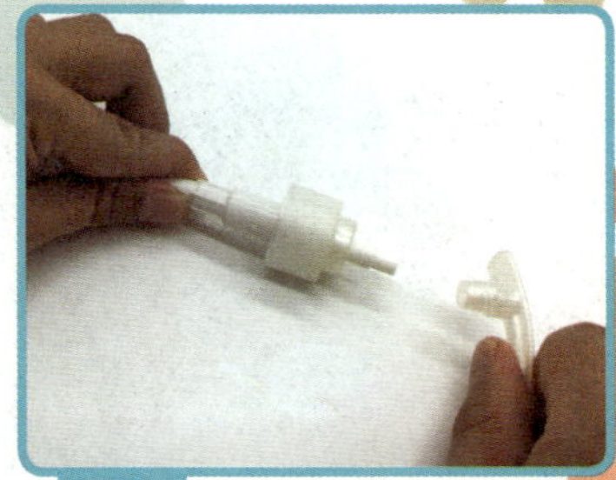

5

接着做钓鱼竿关键的卷线轮。取下按压泵头的喷嘴作为卷线轮的摇杆。

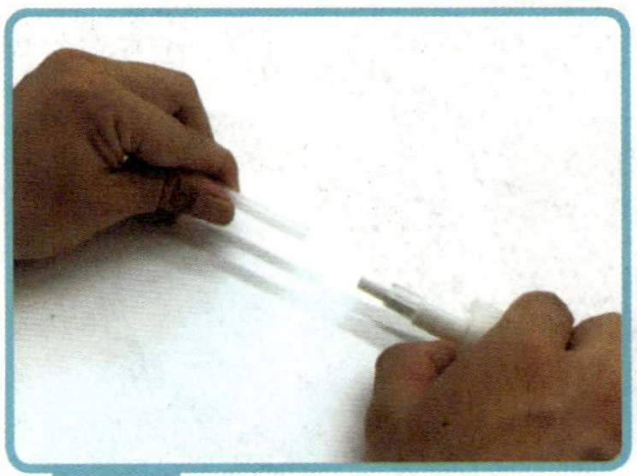

6

拔出按压泵头另一端的吸液管作为卷线轮的轴。

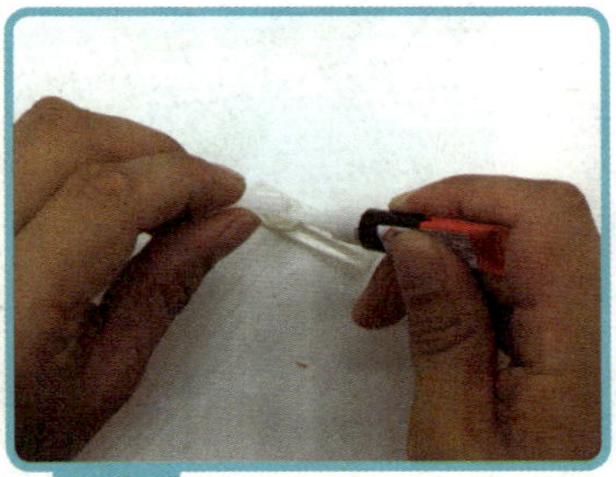

7

把喷嘴和吸液管连在一起用快干胶固定好，组成卷线轮的轮轴。

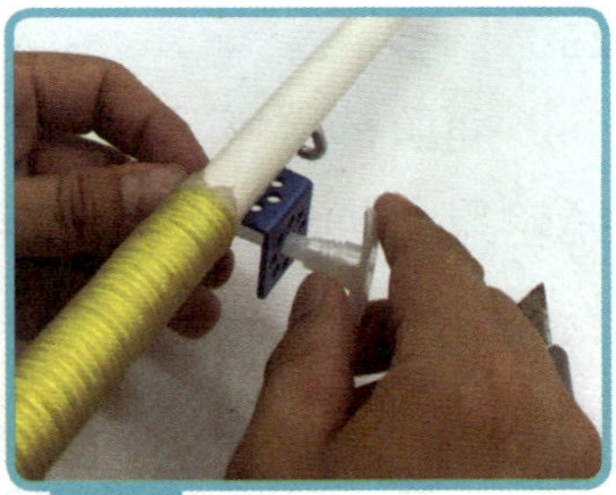

8

把吸液管穿过凹形金属框中间的孔。

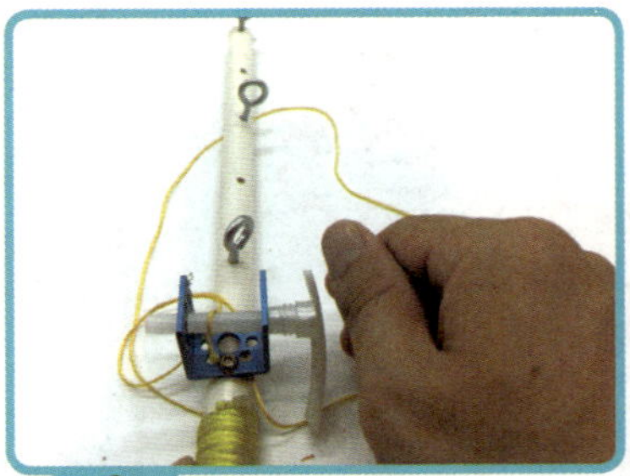

9

再取一根尼龙线作为渔线，把它的一端固定在卷线轮的轮轴上。

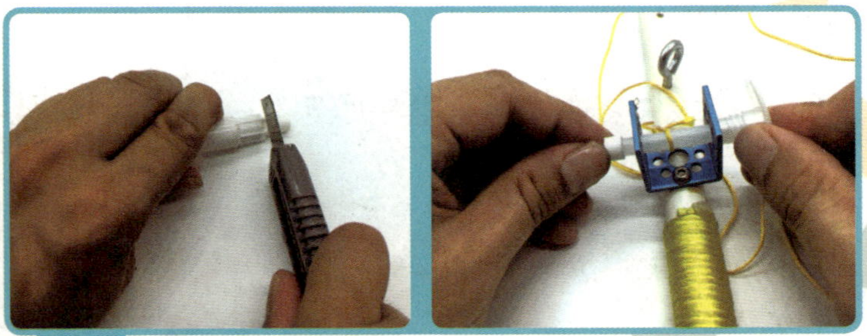

10

用美工刀切下按压泵头上的一段塑料套，套紧吸液管的另一端。

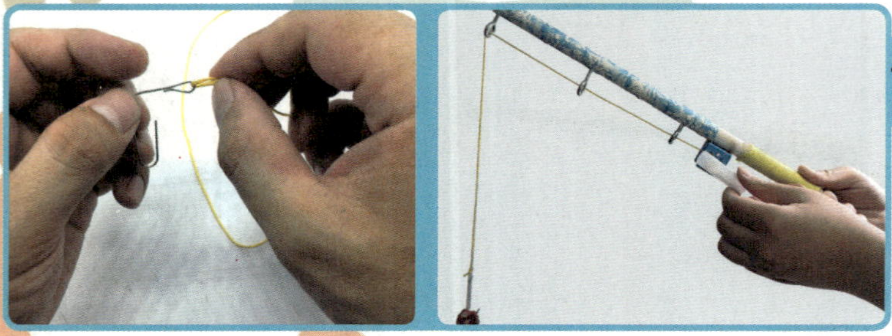

11 把渔线依次穿过羊眼螺栓的“羊眼”，再把回形针弯成鱼钩状系在线末端。最后在钓鱼竿上缠绕你喜欢的彩纸。

一起玩

转动摇杆，钓生活中的“鱼”（你喜欢的任何小东西）！

捕鱼神器的奥秘在于卷线轮是轮轴结构，可以自由收放渔线！

如果在钓鱼竿前面加上滑轮装置，你能改进你的钓鱼竿吗？

为自己点赞（给“点赞手”涂色）

- 做起来容易吗？
- 看起来漂亮吗？
- 玩起来有趣吗？

第4课

滑轮兄弟有本领

我是滑轮

我是周边有槽的小轮，还能够绕轴转动。

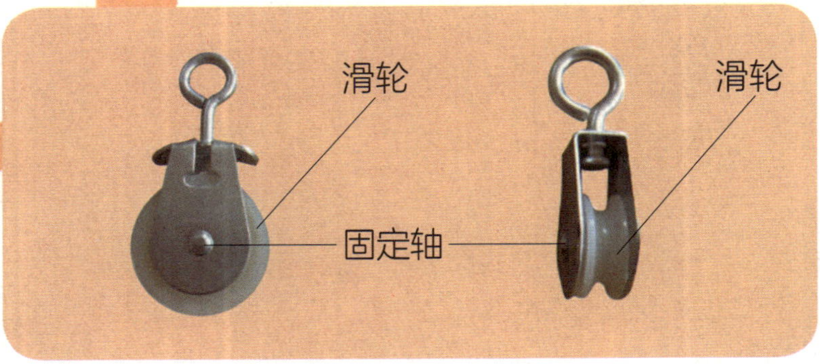

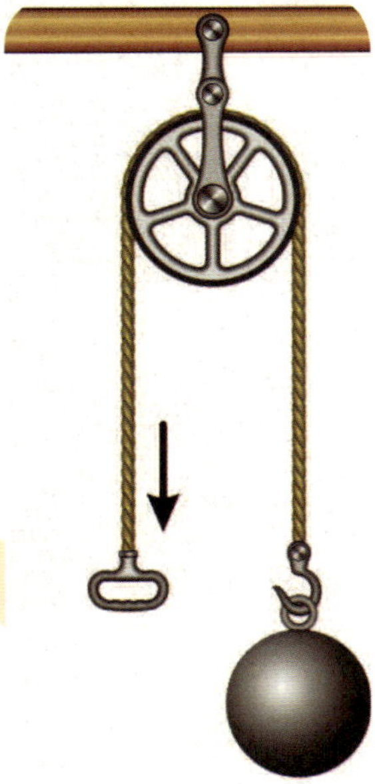

定滑轮 我被固定在一个地方上时是定滑轮，拉动绳子，物体就向上移动！

动滑轮 我位置不固定时是动滑轮，与被拉动的物体一起运动，人们不用花大力气就能拉起很重的东西。

定滑轮和动滑轮常常一起工作，根据不同的任务自由组合，构成滑轮组，既能省很多力，又能改变用力方向。

找找我在哪儿

你知道吗

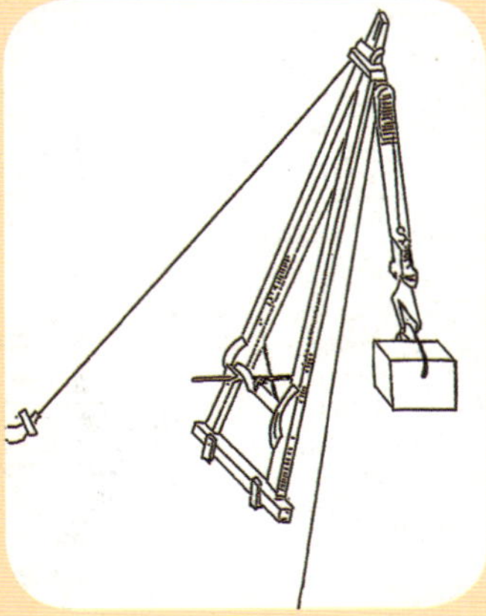

有了起重机才能大规模装卸货物，从而建造宏伟的建筑。人类发明使用起重机可追溯到公元前。古罗马建筑师维特鲁威在他的著作《建筑十书》里描述了一种起重机械。它的构造方法是：把两根承载力很大的木材的顶部连结牢固，木材下端张开竖立起来；把绳子一端绑在固定顶部的位置；顶部安装由两个定滑轮和一个动滑轮组成的滑轮组；用绞盘拉动通过滑轮的绳索来吊起重物。

15 世纪，意大利人发明了转臂式起重机，既可升降又可旋转。18 世纪中后期，英国人瓦特改进和发明蒸汽机，为起重机械提供了动力条件，解放了人力。19 世纪初，工程师伦尼建造了第一批蒸汽起重机。1846 年，阿姆斯特朗把蒸汽起重机改为水力起重机。20 世纪初，欧洲开始使用塔式起重机。

迷你升旗杆

“五星红旗，你是我的骄傲。五星红旗，我为你自豪，为你欢呼，我为你祝福，你的名字比我生命更重要！”这面用无数革命先烈的鲜血染红的国旗，是我们少先队员心中最美的风景！

材料

红色卡纸 1 张
黄色卡纸 1 张
线绳 1 卷
硬质包装盒 1 个
PVC 穿线管 1 根
滑轮 1 个
小木球 1 个
笔帽 1 个
双面胶 1 卷

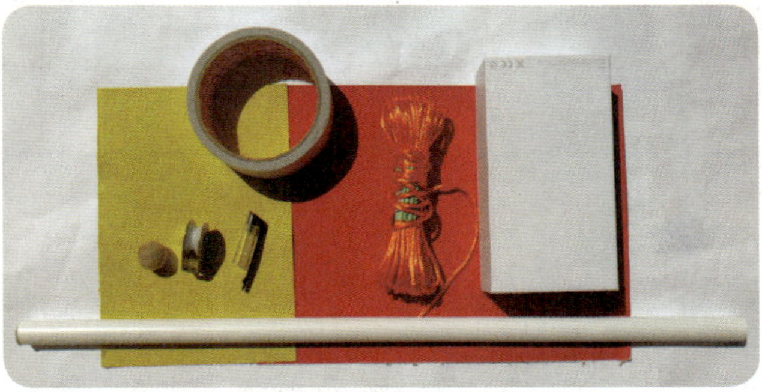

动手做

1 先找到纸盒的中心位置。

2 根据穿线管底部大小画出圆形。

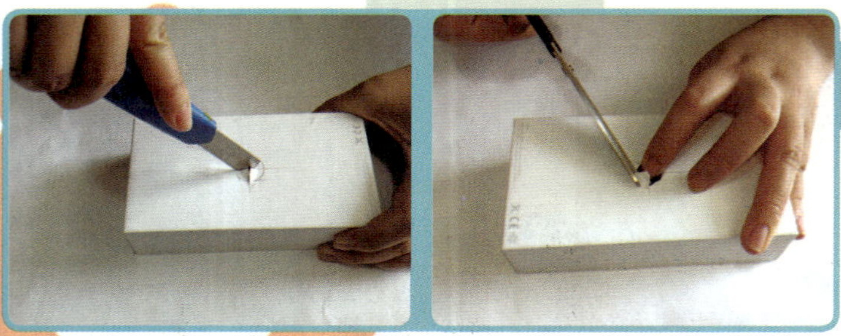

3 用美工刀在圆形的中间划出十字，然后剪下圆内的纸板，纸盒中间的圆孔就挖好了。

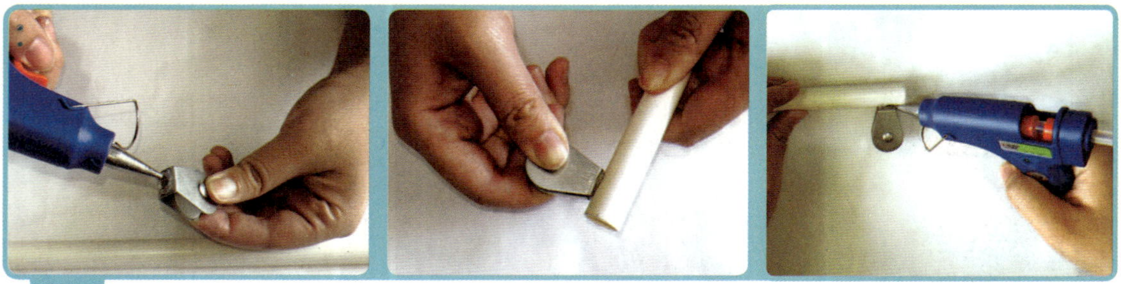

4

用热熔胶把滑轮固定在线管的一端。

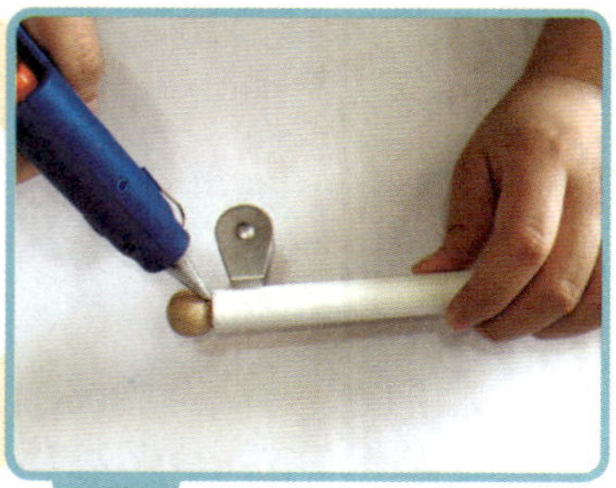

5

用热熔胶把小木球固定在粘滑轮那一端的线管顶部。

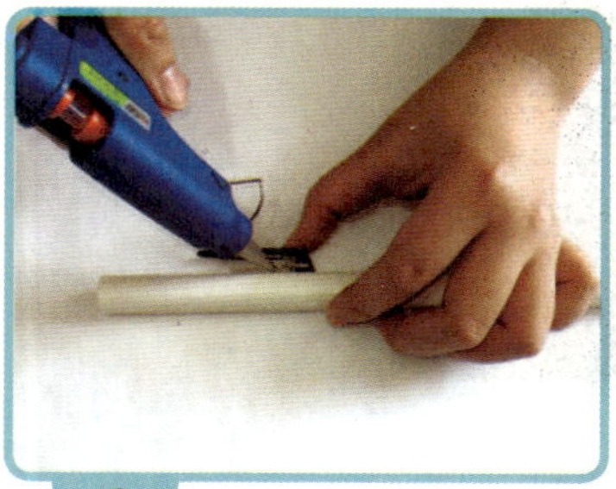

6

用热熔胶把笔帽固定在距离线管另一端约 10 厘米处，注意笔帽与滑轮的位置在同一条直线上。

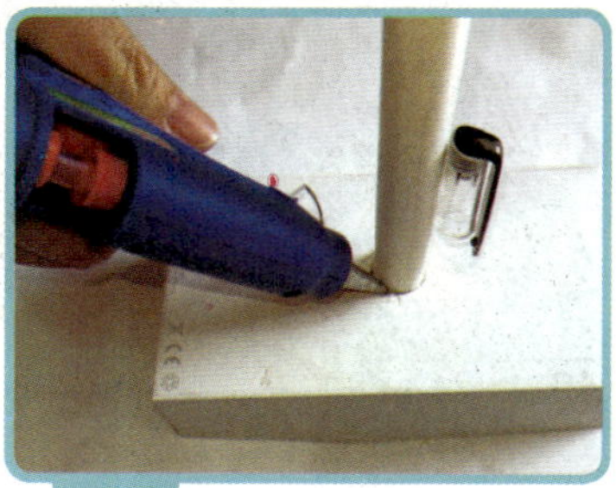

7

把近笔帽那一端的线管插入纸盒的圆孔里，用热熔胶加固。

8 接着做国旗！在红色卡纸上按照4∶3的比例画出一个长方形。剪下画好的长方形。

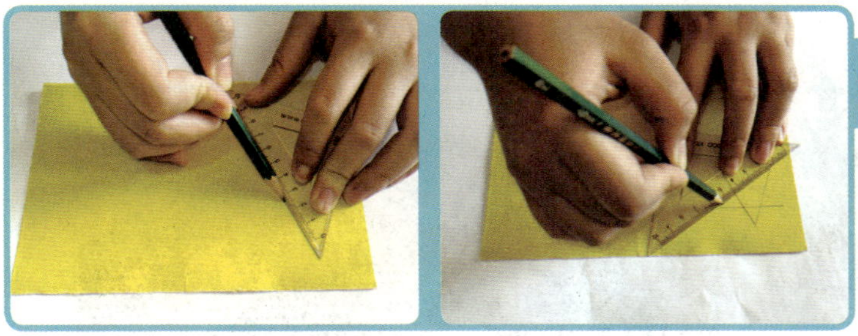

9 在黄色的卡纸上画1颗大五角星、4颗小五角星。

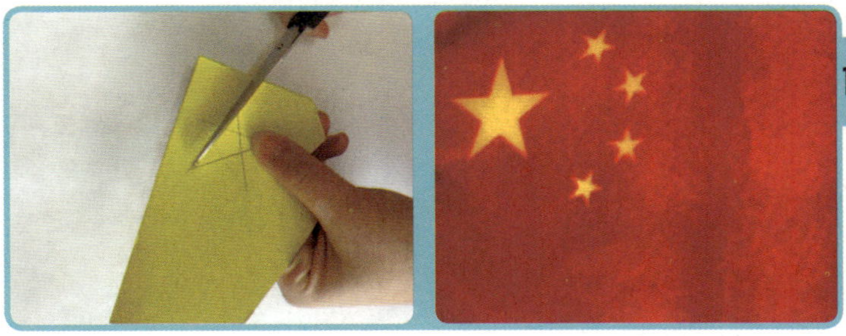

10 剪下五角星，贴在红色卡纸上，国旗就做好啦！

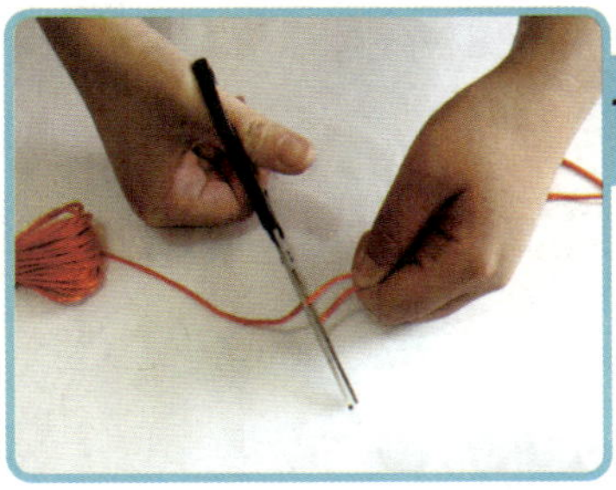

11 根据旗杆高度，剪下对折略长于旗杆高度的线绳。

12 把双面胶贴在国旗近五角星的那侧。

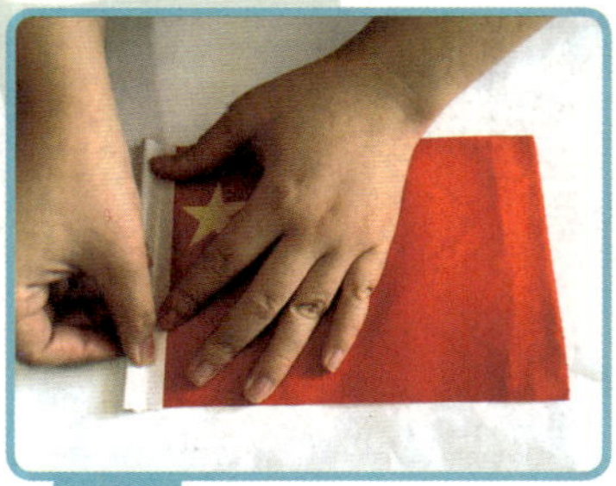

13 对折双面胶。

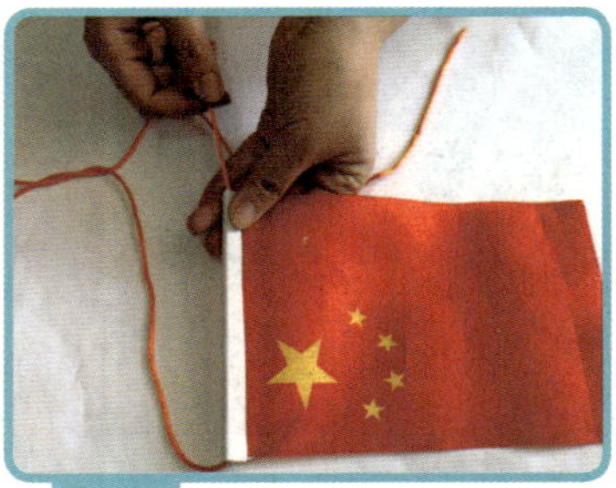

14 穿好线绳。

15 再把线绳穿过滑轮。

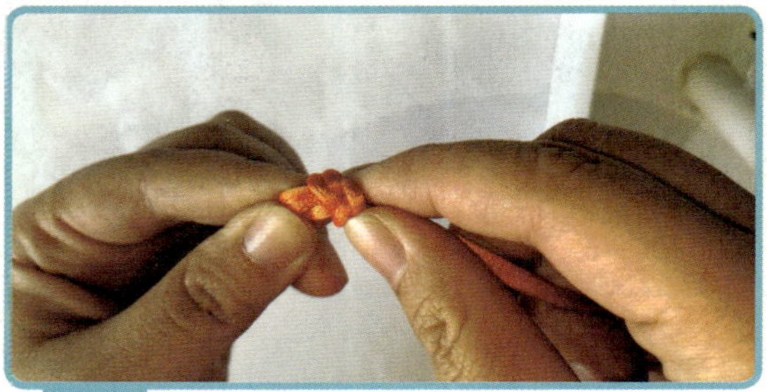

16 把绳子两头捏在一起打结。

17 升旗！最后把多余的绳子绑在笔帽上。

一起玩

召集小伙伴们，一起举行庄严的升国旗仪式！

旗杆顶部安装了定滑轮，当拉动下方的绳子时，国旗会随着定滑轮的转动而徐徐上升。

你能设计一个电动升旗杆，不用手拉绳子也能升国旗吗？

为自己点赞（给"点赞手"涂色）

- 做起来容易吗？
- 看起来漂亮吗？
- 玩起来有趣吗？

升降晾衣架

你帮爸爸妈妈晾衣服的时候是不是有点费力？因为晾衣杆太高了！如果晾衣杆能够升降，那就轻松多啦！先在小阳台里模拟试验吧，用滑轮做一个可以升降的晾衣杆！

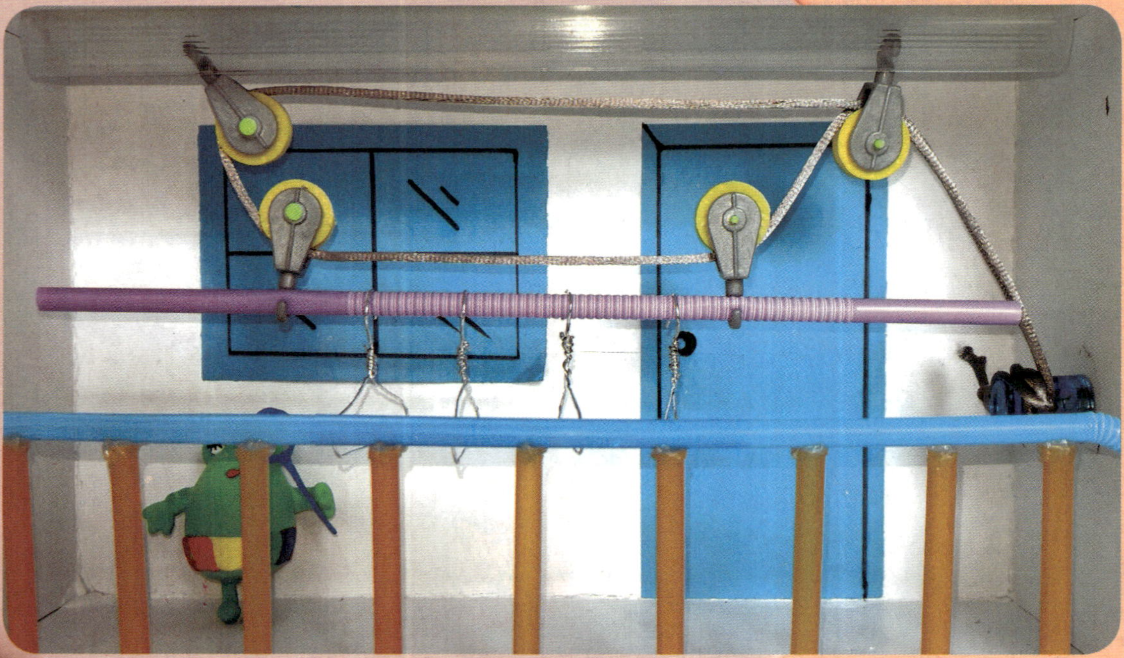

材料

滑轮若干个
绳子 1 根
卡纸 1 张
鞋盒 1 个
双面胶 1 卷
文件夹拉杆 1 条
磁钉 1 个
点胶 1 卷
气球杆 1 条
吸管若干
铁丝若干

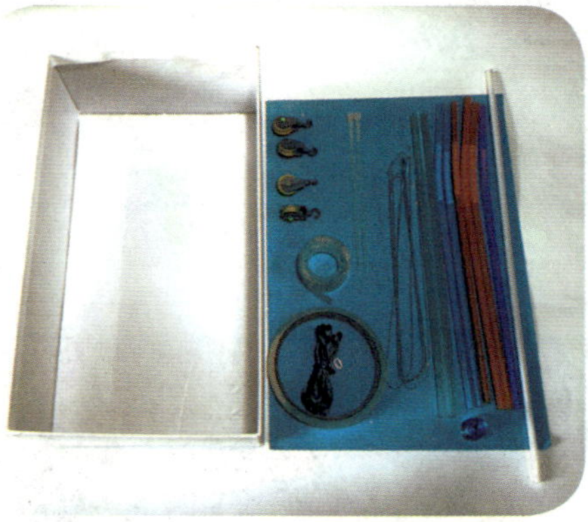

动手做

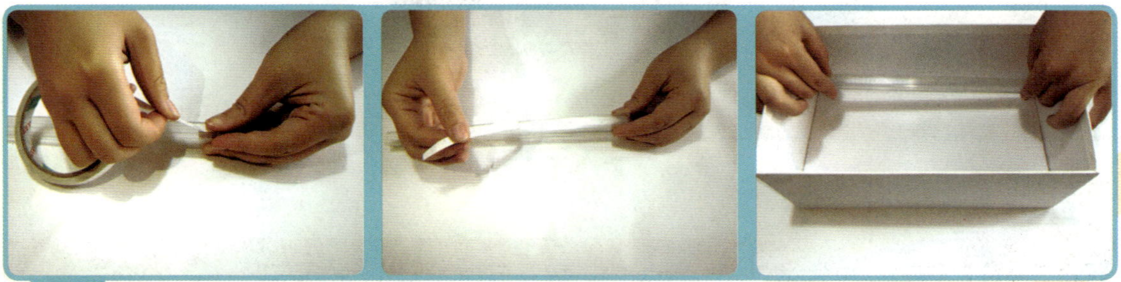

1

给拉杆贴上双面胶。把拉杆贴在鞋盒的侧面，作为滑轮的轨道。

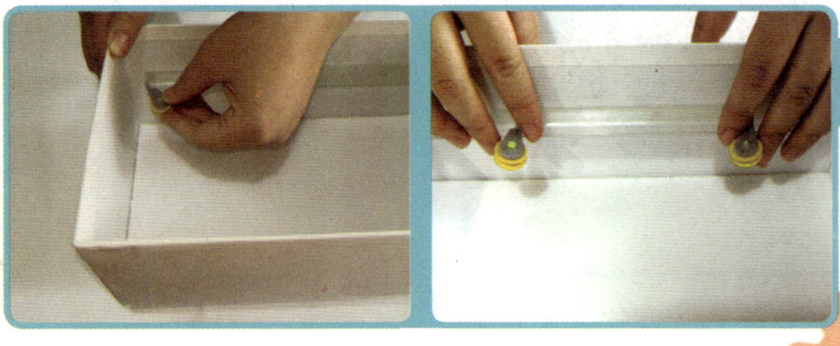

2 挂上滑轮。

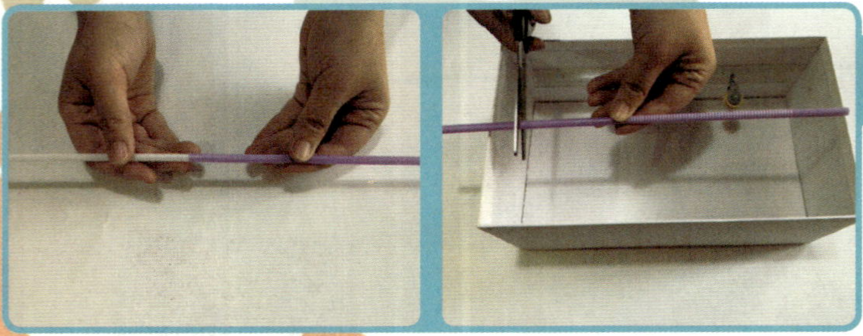

3 把吸管套在整根气球杆外面。剪至适当长度，作为晾衣杆。

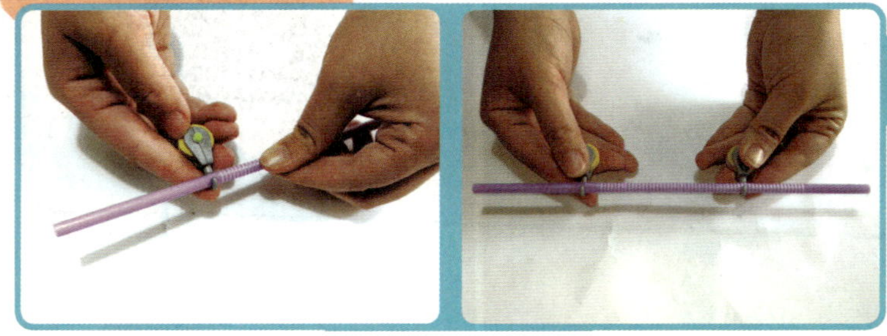

4 给晾衣杆挂上滑轮。

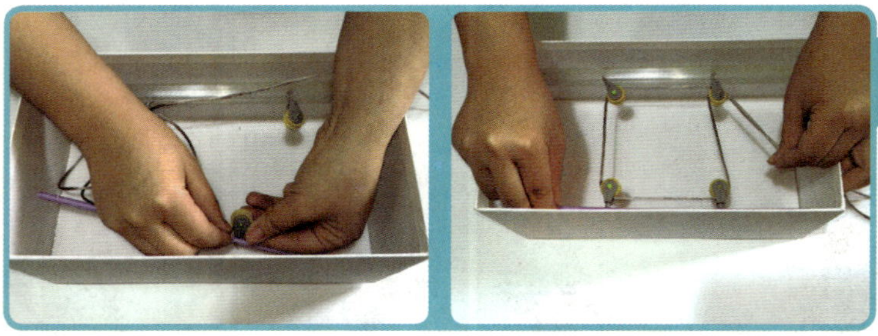

5 把滑轮挂上晾衣杆，用线把几个滑轮串起来。

试一试 穿线的方式不止一种，只要最后能升降自如即可。

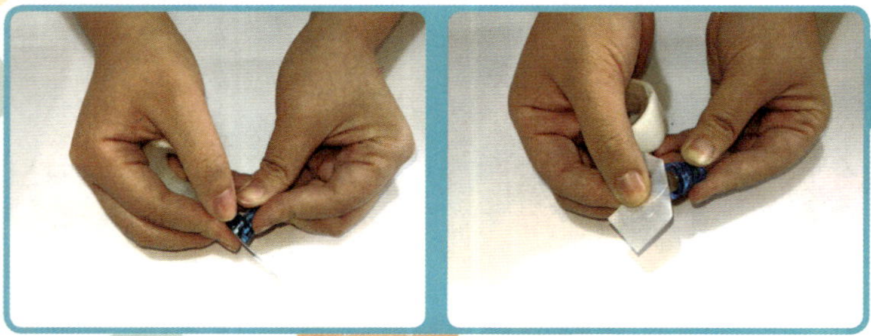

6 把点胶粘在磁钉上。

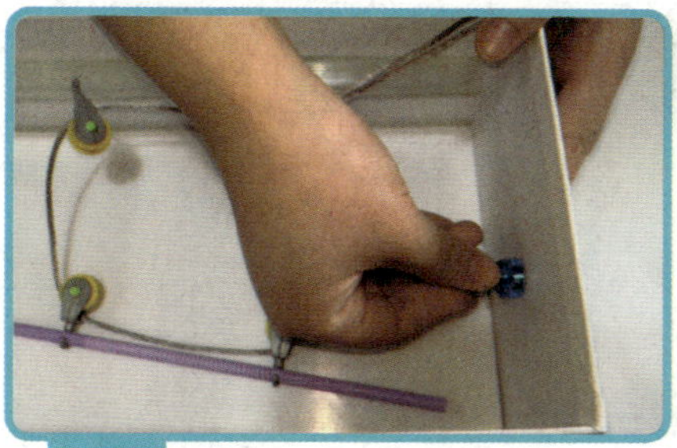

7 把磁钉贴在鞋盒内侧。

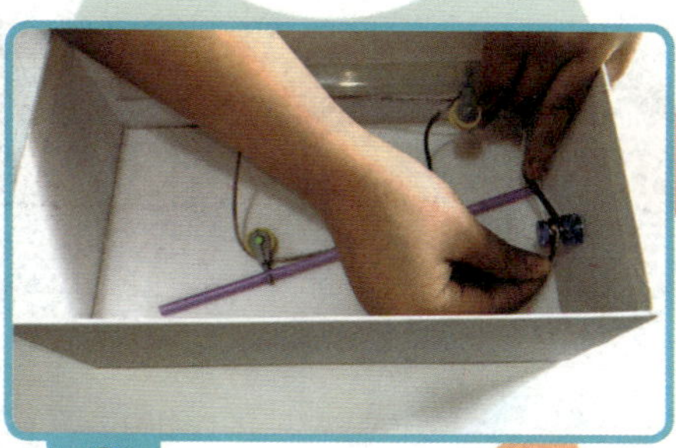

8 把绳子缠绕固定在磁钉上。

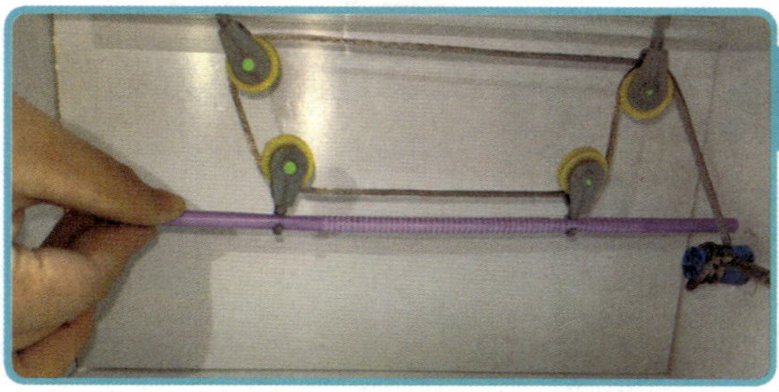

9 可升降的晾衣架就做好了。

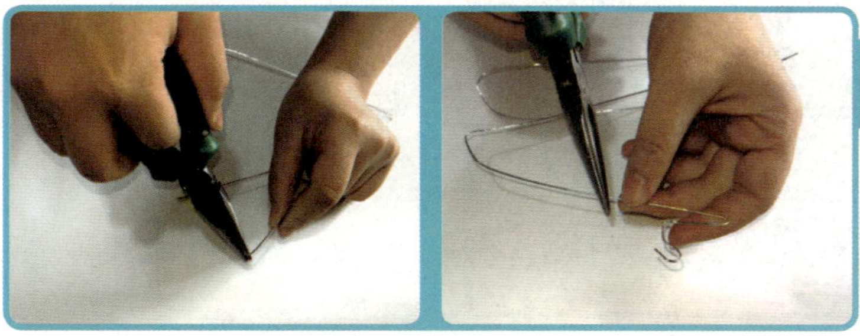

10 用尖嘴钳辅助，把铁丝弯出衣架的样子。

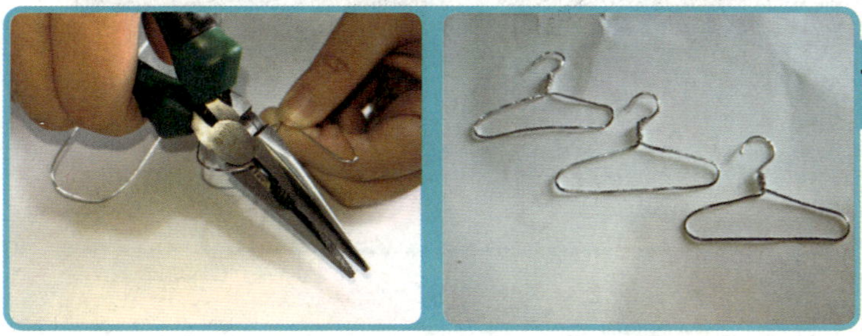

11 剪去多余的铁丝，只留一小段铁丝缠绕在衣架的“脖子”上。

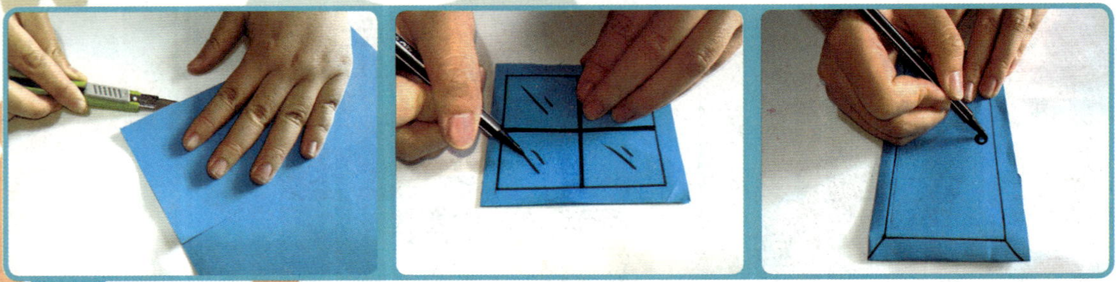

12

接着我们来装饰小阳台。先用美工刀在卡纸上裁剪一个小正方形作为窗户，一个长方形作为阳台门。再画好门窗。

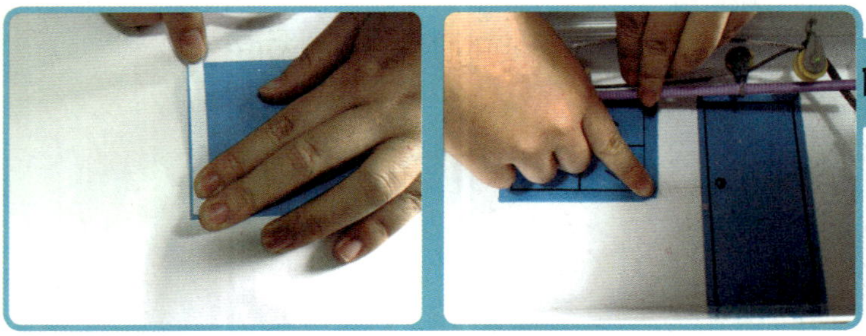

13

用双面胶把画好的门窗贴在鞋盒底部。

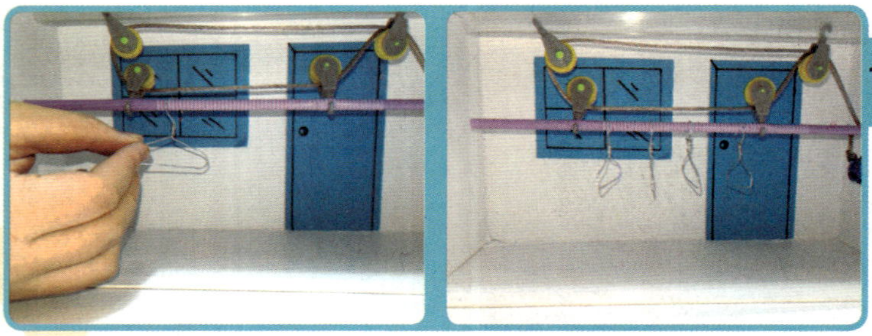

14

把迷你衣架挂在晾衣杆上。

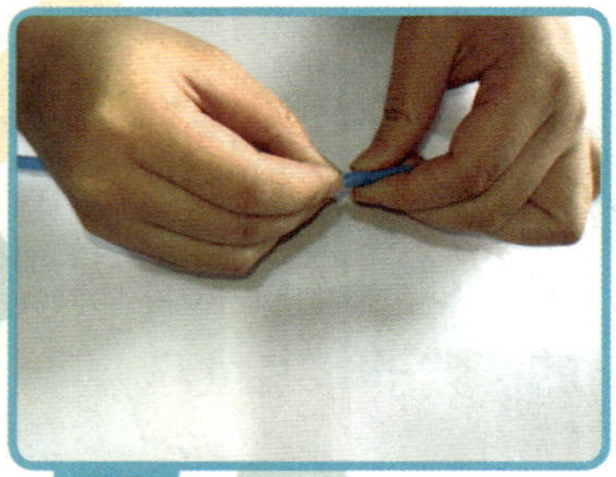

15

然后我们做小阳台的护栏。先拼接两根吸管。

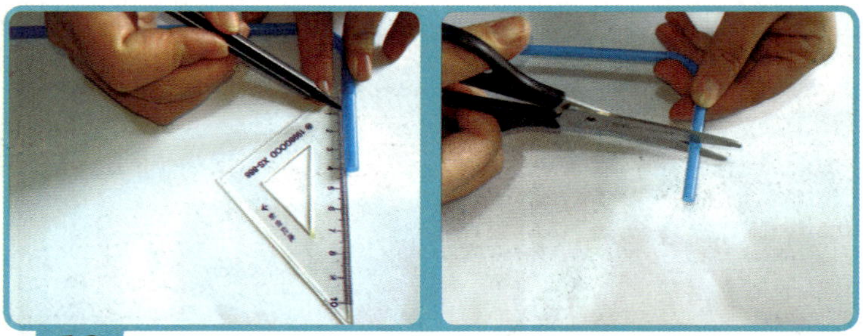

16

根据小阳台的尺寸设计护栏的尺寸，减去多余长度的吸管。

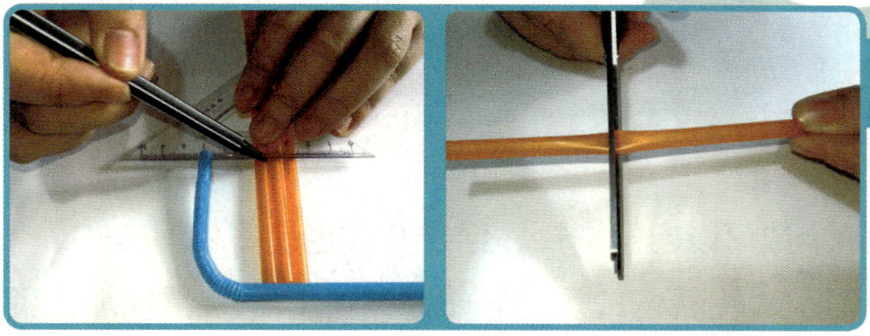

17 用尺子测量护栏的宽边，再剪出若干条长度相等的吸管。

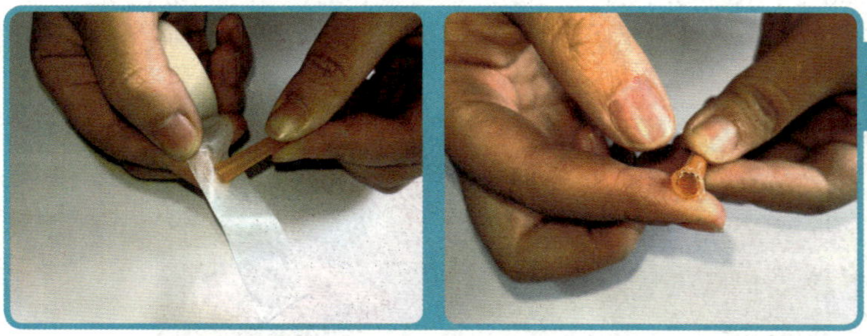

18 把点胶粘在短吸管的一头。

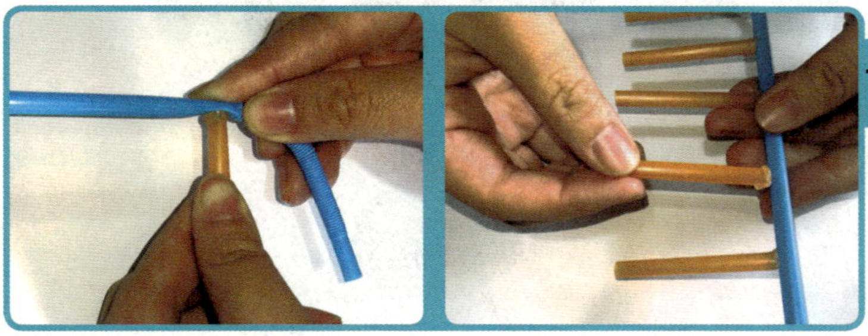

19 再把短吸管粘贴在长吸管上。

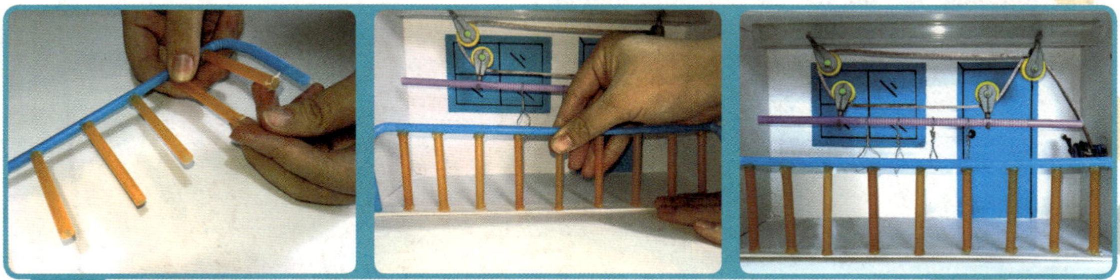

20

用点胶把护栏粘贴在小阳台边缘。小阳台和升降晾衣架搭配起来真完美！

一起玩

升降晾衣架中使用滑轮的个数可以自己选择，穿线方式也是多种多样的。

当你既用了动滑轮又用了定滑轮就构成了滑轮组，升降晾衣架不仅能改变力的方向，而且能省力！

能不能多做几种连接方式不同的晾衣架？快快动手尝试，探寻滑轮组的奥秘吧！

为自己点赞（给“点赞手”涂色）

●做起来容易吗？	👍	👍	👍
●看起来漂亮吗？	👍	👍	👍
●玩起来有趣吗？	👍	👍	👍

第5课

齿轮传动靠咬合

我是齿轮传动

我至少由两个相互咬合的齿轮组成。

齿轮长得像浑身长满凸起状齿的圆盘。但别小看了这些齿，它们经过工程师精确计算和测量，齿槽的深浅和齿的大小有讲究呢！

我的原理跟这些齿密切相关。好几个齿轮互相配合，只要转动其中一个，另外的也会因为力的传动跟着一起转动，从而提高工作效率。

找找我在哪儿

你知道吗

人类很早就利用齿轮传动提高工作效率了。我国东汉初年已有齿轮。三国时期已采用齿轮传动系统。晋代杜预发明的水转连磨通过齿轮将水轮的动力传递给石磨。1956 年考古发掘河北午汲古城遗址，发现了铁制棘齿轮，轮直径约 80 毫米，虽已残缺但铁质较好，经研究确认为战国末期到西汉期间的机械制品。

轻松打蛋器

你一定吃过香喷喷的炒蛋，那你知道做这道菜之前要打蛋吗？敲开蛋壳，流出被透明的蛋清包裹着的圆圆的蛋黄，怎么把它们均匀地搅拌在一起呢？这时，轻松打蛋器就派上大用场了！

材料

相互咬合的大小不等的齿轮 1 对
圆形的塑料盒盖子 1 个
大号塑料吸管 1 根
用干的水笔笔芯 1 根
空心手柄 1 个
304 不锈钢丝若干

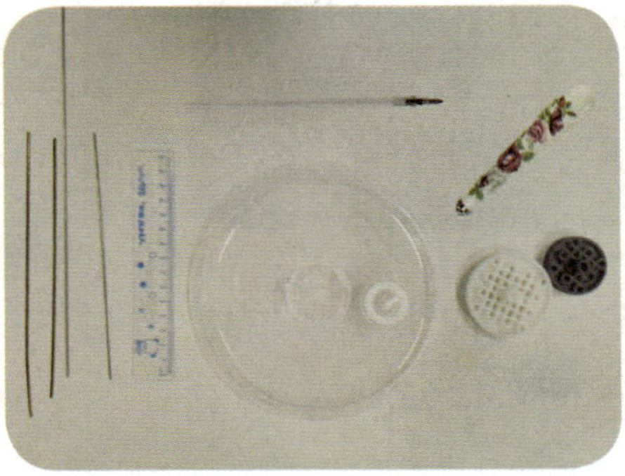

动手做

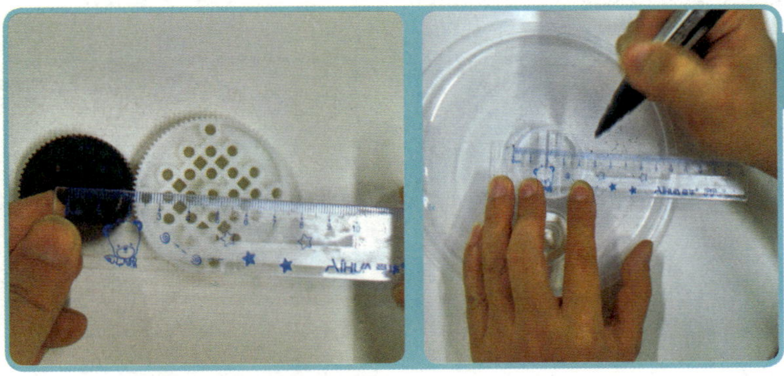

1 两个齿轮互相咬合后，用尺子测量圆心间的距离。根据测量值，以盖子圆心为中点，在两侧量出相等的距离，确定打洞的位置，做好记号。

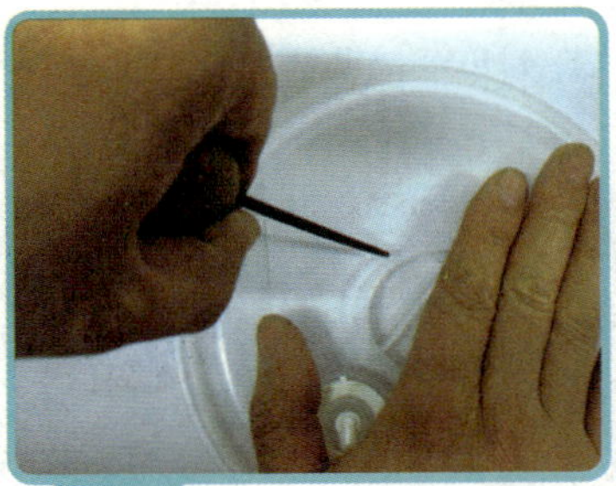

2 用锥子在做记号的两个地方打洞。

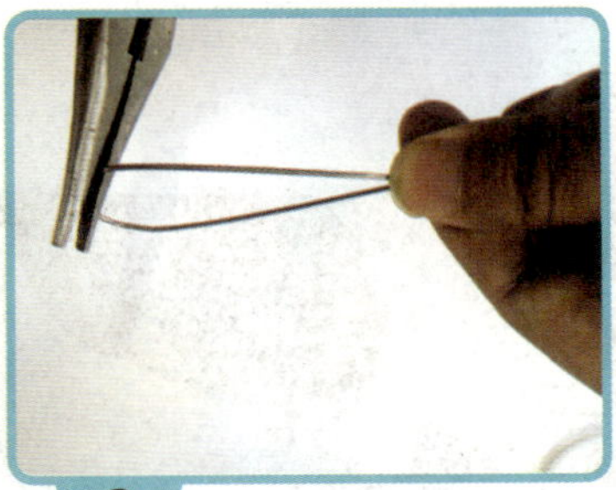

3 用尖嘴钳把不锈钢丝弯成水滴状。

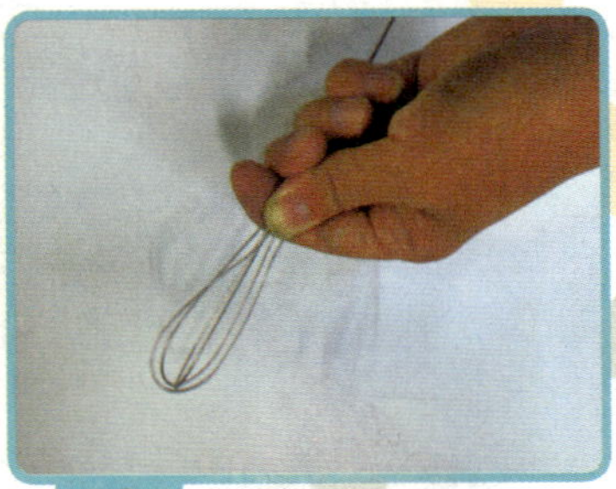

4 3 个水滴状不锈钢丝交叉重叠，组成打蛋器头部，也就是深入蛋液的部分。

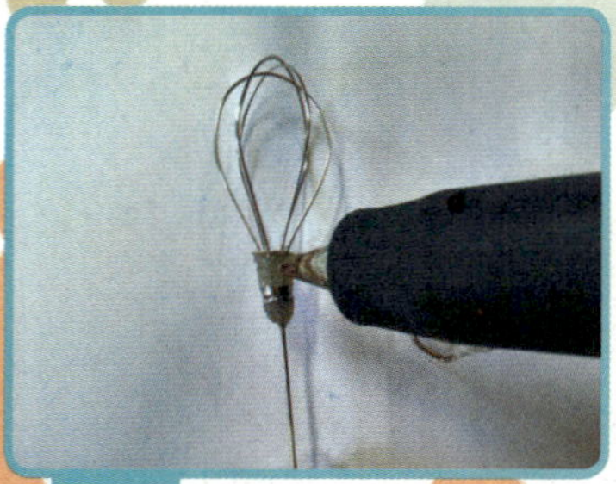

5

用热熔胶把水滴状不锈钢丝的接头处粘好，打蛋器头部就形成了。

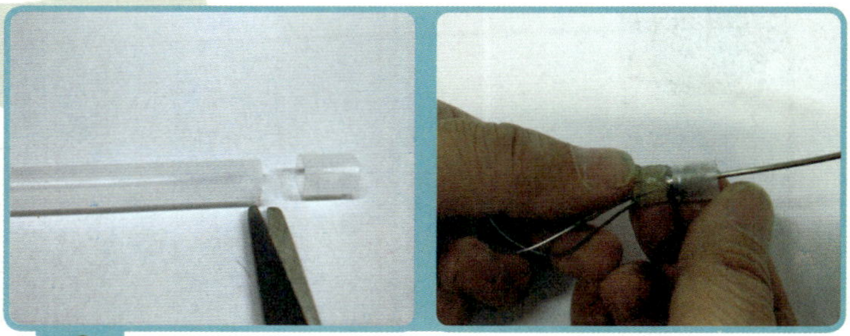

6

剪下一段长 1 厘米的塑料吸管，套在接头处。

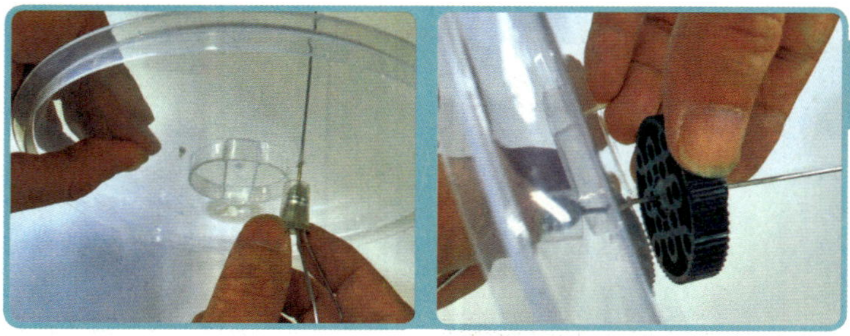

7

打蛋器尾部的不锈钢丝穿过盖子上的一个孔，再穿过小齿轮。

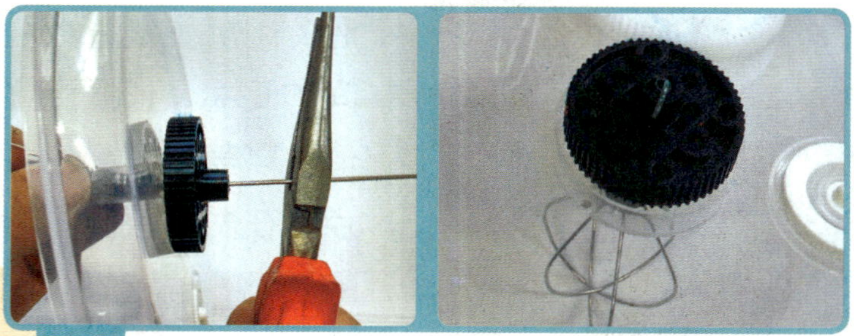

8

用尖嘴钳剪去不锈钢丝多余的部分，只留一小段掰弯，打蛋器头部就固定在盖子上了。

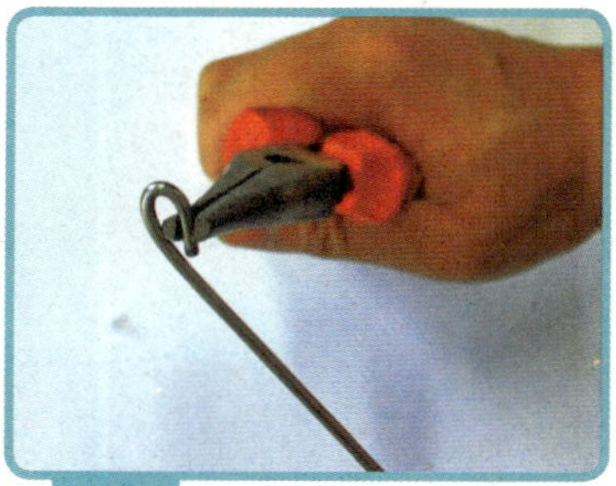

9

另取一根不锈钢丝，用尖嘴钳把一端弯成圈。

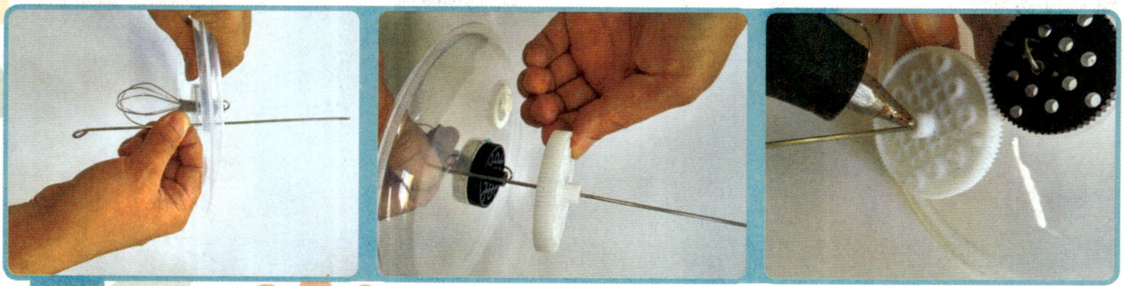

10

另一端穿过盖子上另一个孔，套上大齿轮，用热熔胶固定。

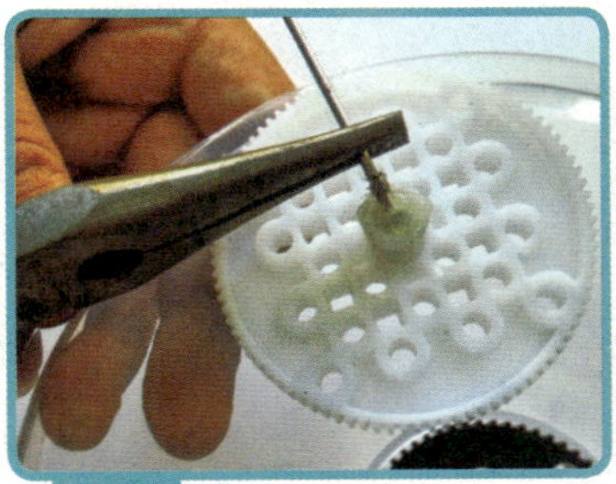

11 用尖嘴钳把不锈钢丝折弯约 90°。

12 套上拔去笔头的笔芯管，再用热熔胶固定。

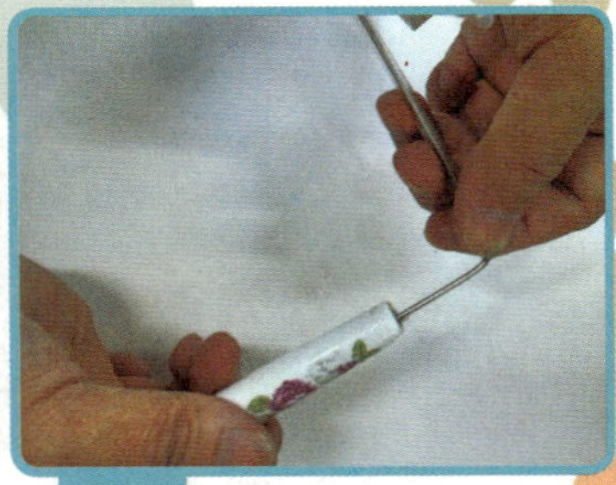

13 用尖嘴钳把不锈钢丝再折弯约 90°，套上空心手柄。

一起玩

在碗里打一个蛋，转动手柄，是不是搅拌起来更快更省力？奥秘就在于相互咬合的齿轮！

开动脑筋想一想：大齿轮带动小齿轮运动，大齿轮转动一圈，小齿轮转动几圈？想要再提高打蛋效率，还可以选择怎样的齿轮组合？打蛋效率和齿轮之间有什么关系吗？

为自己点赞（给“点赞手”涂色）

- 做起来容易吗？
- 看起来漂亮吗？
- 玩起来有趣吗？

齿轮自行车

你会骑自行车吗？如果你还没学会骑自行车，那看着大哥哥大姐姐轻松自如地骑自行车是不是很羡慕？没关系，我们可以做一辆小自行车，用咬合的齿轮做动力，同样有趣哦！

材料

橡皮泥 2 包
透明塑料板 1 块
透明软管 1 根
能咬合的不同大小的齿轮 3 个
笔芯 1 根
塑料吸管 1 根
螺丝组合 1 套
长铝丝 2 根
小瓶子 2 个

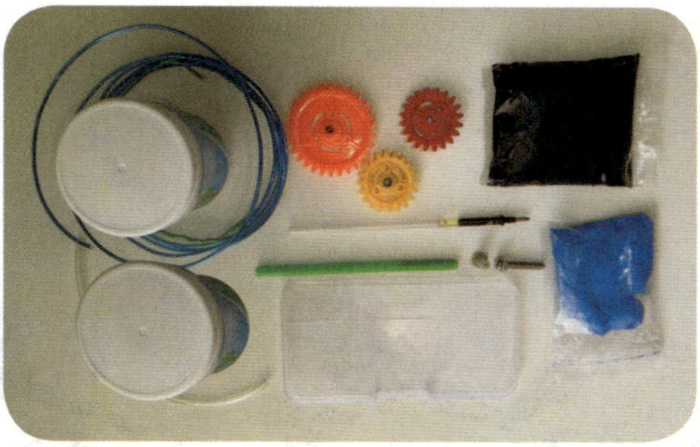

动手做

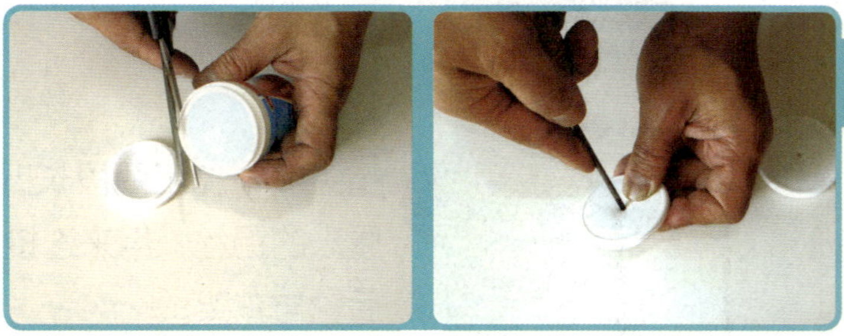

1 剪下瓶子的圆盖，在两个圆盖的中心打孔。

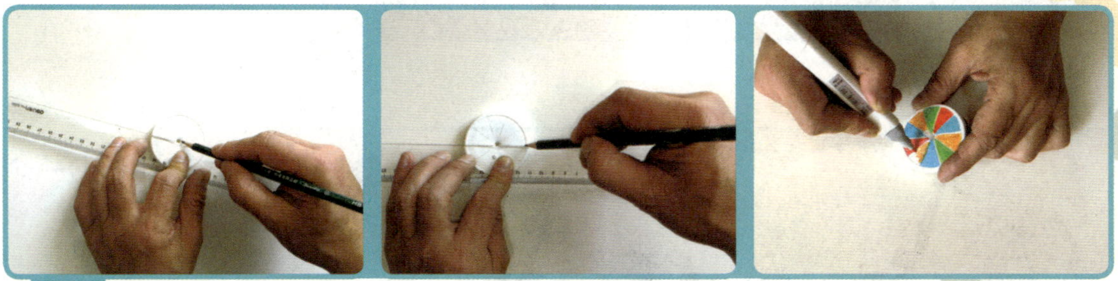

2 在圆盖上画出十等分线，在每块区域内涂上颜色。做成漂亮的车轮。

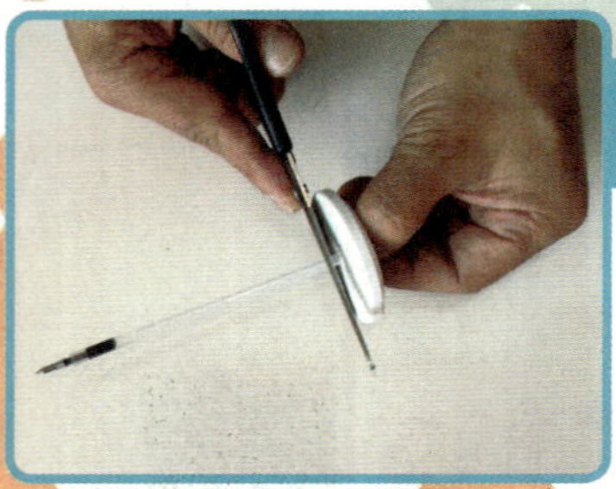

3 把笔芯套入孔内，剪短。

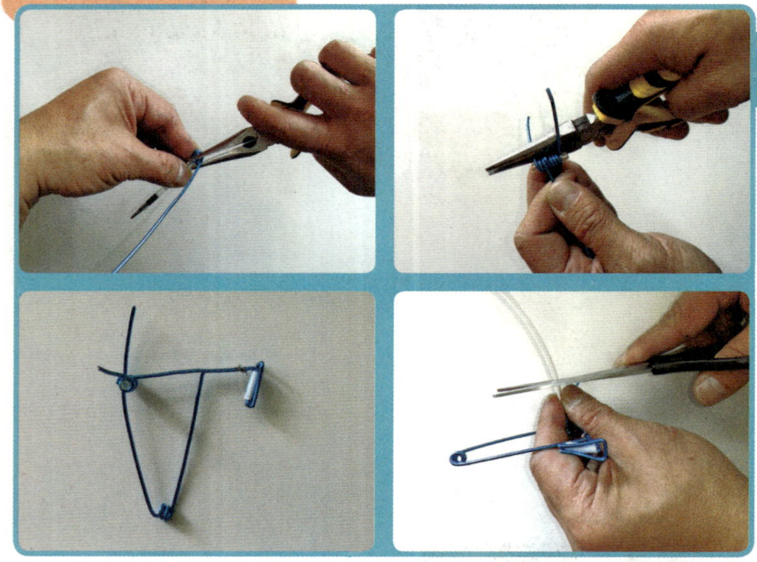

4 借助尖嘴钳，把铝丝做成车架，在车架部分插入软管形成保护层。

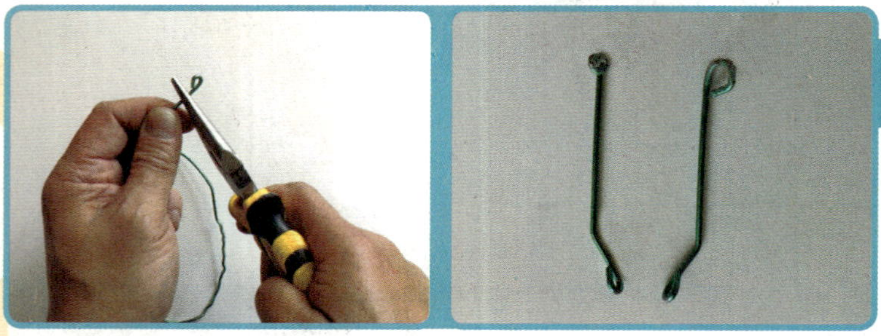

5 用尖嘴钳加工两段长 5 厘米的铝丝，用来连接后轮与车架。

6 用尖嘴钳把铝丝做一个自行车摆头架。

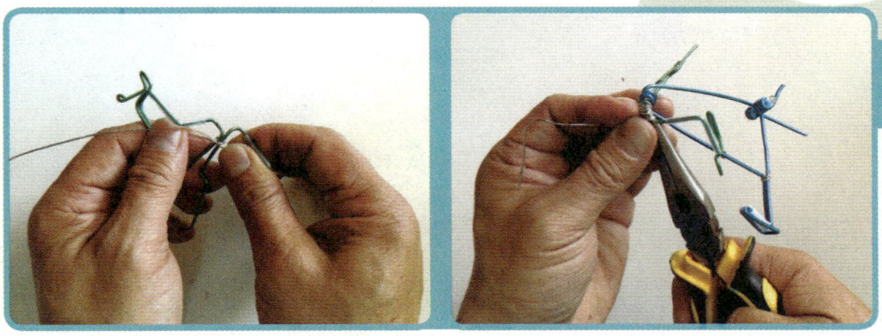

7 把摆头架与车身架用细铝丝连接。

8 在透明塑料板上剪取一块长 10 厘米、宽 1 厘米的长方形，把 3 个齿轮按大小排列在上面，再在齿轮中心对应的塑料板上打孔，用螺丝穿过孔，套上齿轮。

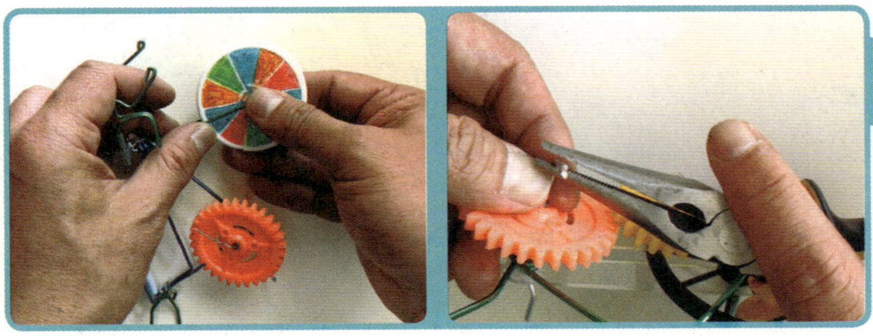

9 安装车轮。再把装好齿轮的塑料板固定在自行车上，用铝丝穿过最大的齿轮，再弯曲做成脚踏。

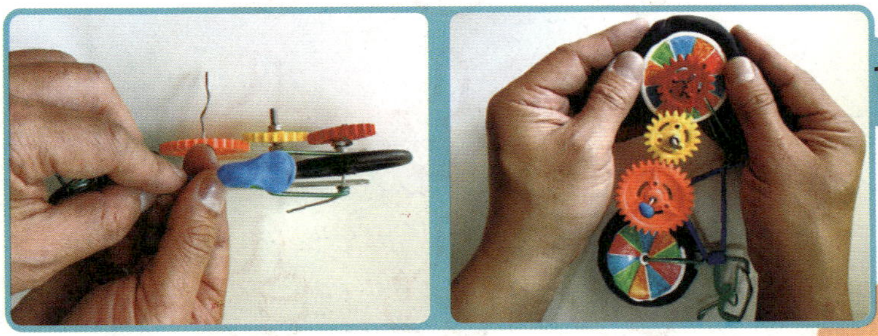

10 最后用橡皮泥捏成坐垫、轮胎，装饰脚踏板和车架。

一起玩

转动脚踏板，自行车就能向前走了。这可是齿轮的功劳：我们摇动自行车的脚踏板，将力传到大齿轮上，大齿轮带动小齿轮转动，小齿轮连接着自行车的后轮，力通过齿轮传送到了自行车后轮上，后轮就能向前滚动，从而带动前轮行进，整辆车就动起来了！

为自己点赞（给“点赞手”涂色）

- 做起来容易吗？
- 看起来漂亮吗？
- 玩起来有趣吗？

第6课

带传动千姿百态

我是带传动

我至少由两个带轮和一根张紧的柔性带组成。带子的款式可以根据任务目的更换。

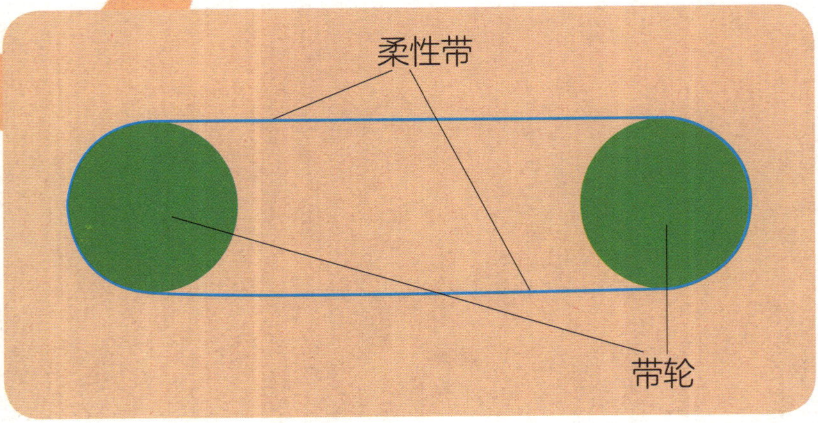

根据所用带子材料的不同，我分为皮带传动和链条传动。

皮带传动是由张紧的皮带连接带轮，利用皮带和带轮之间的摩擦传递动力。

链条传动是升级版的皮带传送，带轮上有特殊齿，通过链条传送动力，提高传动的准确性。

找找我在哪儿

你知道吗

带传动的优点可不少：结构简单，传动平稳，缓冲吸振，可以在大的轴间距和多轴间传递动力，且造价低廉、不需润滑、维护容易。所以带传动应用广泛，除了能传递动力，还能输送物体、排列零件等。带传动也有缺点，如传动比不准确、带寿命短、装置外部尺寸大。

礼物排队机

送一份爱的礼物给爸爸妈妈，谢谢他们的养育之恩；送一份生日礼物给朋友，祝他（她）天天快乐；送一份教师节礼物给老师，跟他（她）说一声“辛苦了”；送一份甜蜜的礼物给自己，在心底许下美丽的愿望！

材料

塑料文件盒 1 个
圆形大瓶盖 1 个
圆形小瓶盖 6 个
轮盘 2 个
包装纸 1 张
橡皮筋 1 条
双面胶 1 卷
透明胶 1 卷
长 60 厘米的绝缘铜线 1 根
边长为 10 厘米的正方形卡纸 3 张

动手做

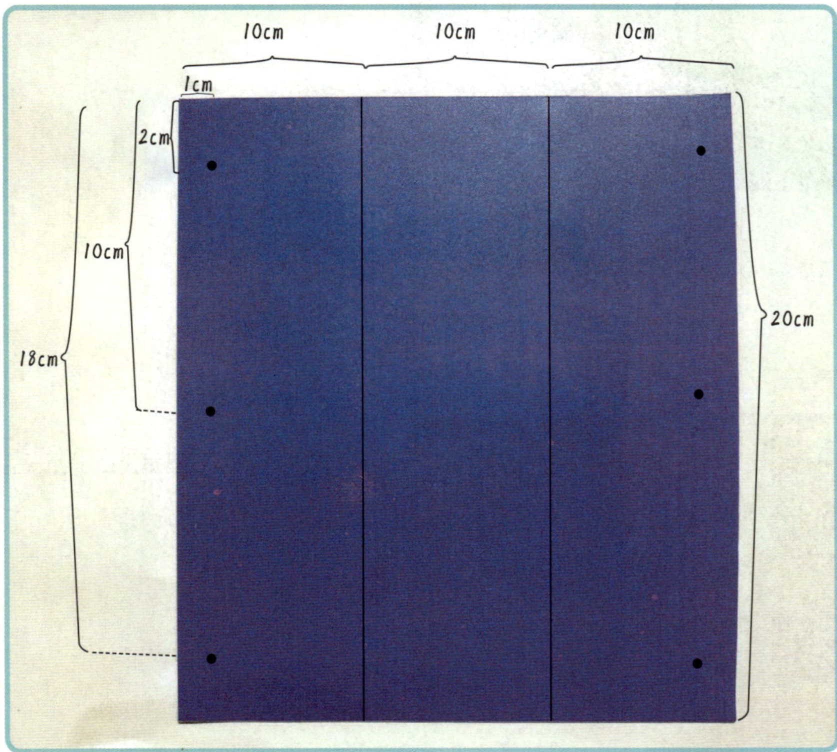

1 利用塑料文件盒，剪取 1 块长 30 厘米、宽 20 厘米的塑料板，借助直尺三等分塑料板的长边，用铅笔画出等分线。

2

用小刀沿着等分线轻轻划出痕迹，注意不要用力切断塑料板。

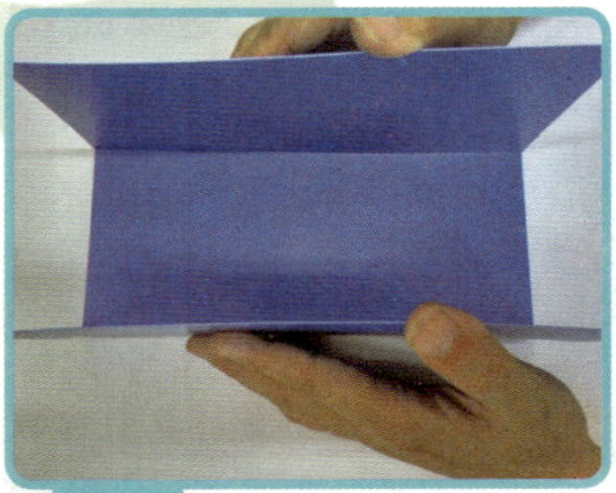

3

沿着划痕向另一面对折，注意两边的塑料板垂直于中间的塑料板。

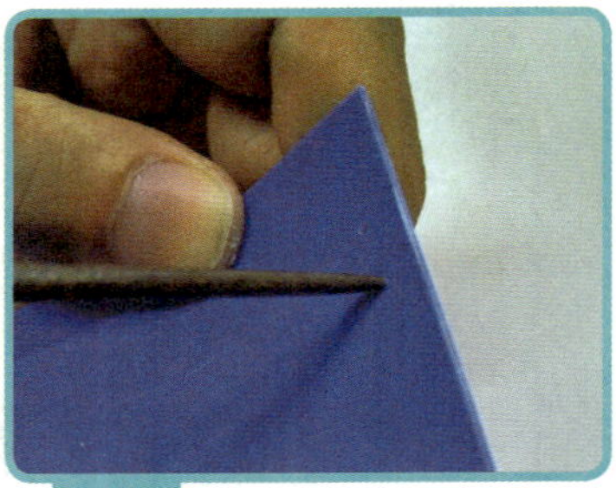

4

用锥子在做好标记的位置打孔。

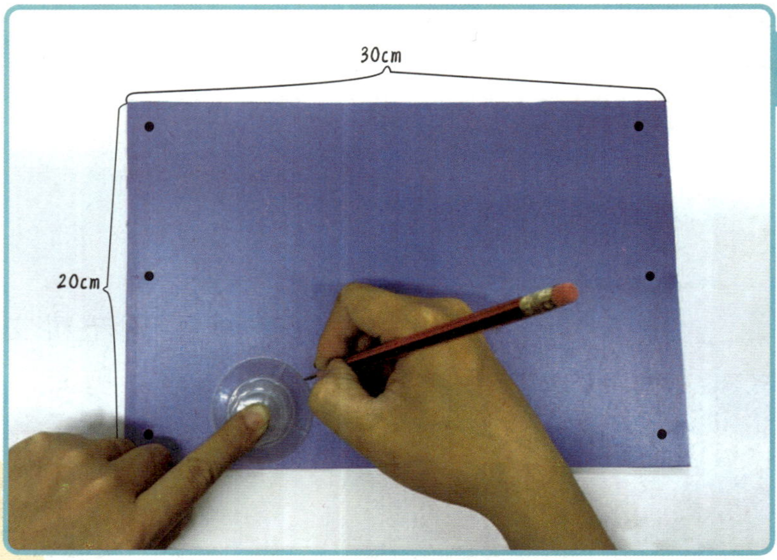

5

把大瓶盖压在塑料板的边缘，描出圆形轮廓，用数学方法找到圆心。

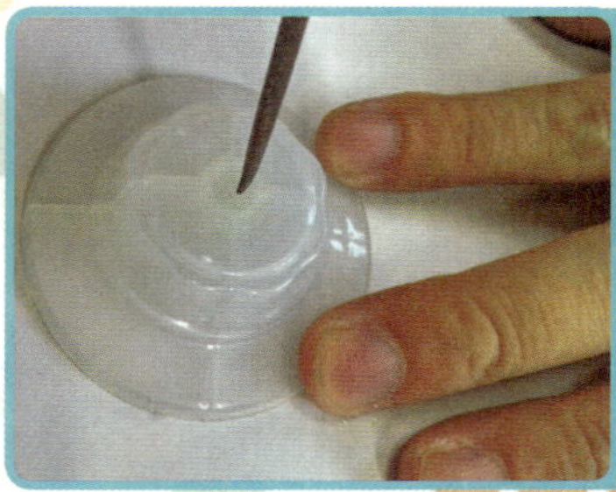

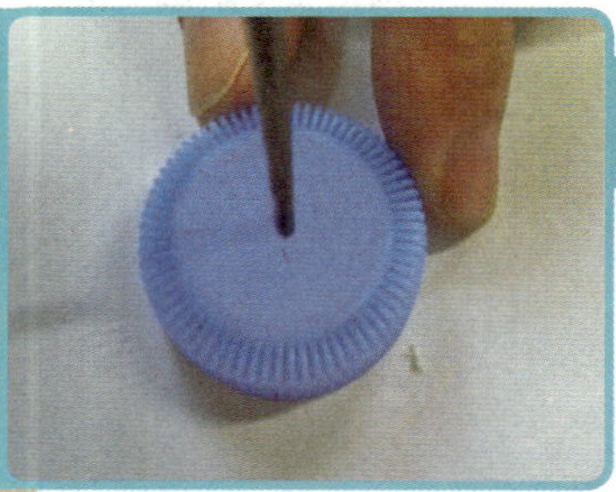

6

用锥子在大瓶盖和小瓶盖的圆心位置打孔。

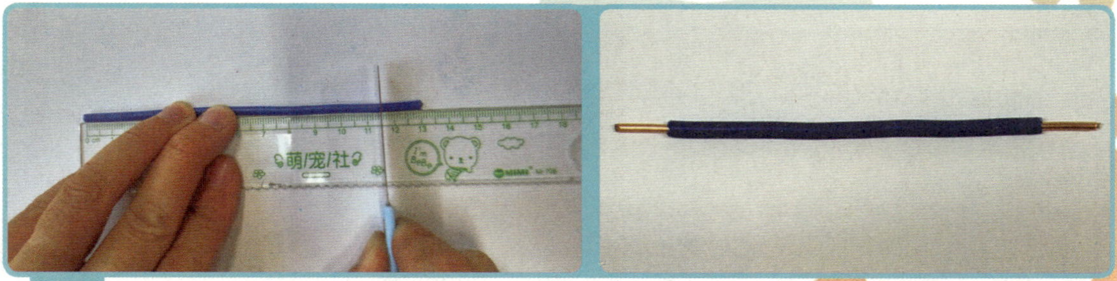

7

截取两段长 13 厘米的绝缘铜线，在头、尾 1.5 厘米处分别剥离绝缘保护层。

8

截取一段长 14 厘米的绝缘铜线，一端剥离 1.5 厘米绝缘保护层，另一端剥离 2.5 厘米绝缘保护层。

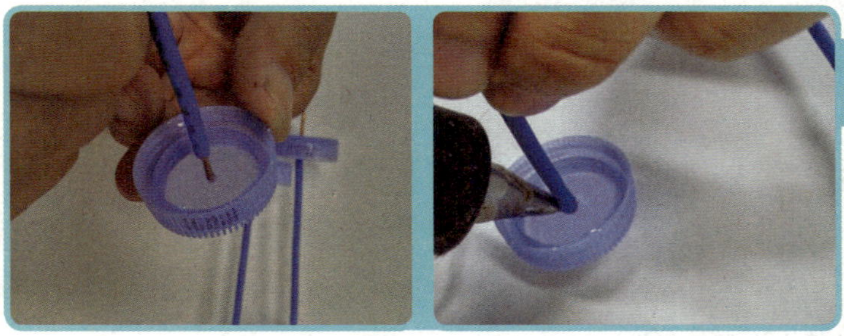

9

铜丝两端各穿过一个小瓶盖圆心的孔，并用热熔胶固定。

10

借助双面胶和透明胶，把正方形卡纸包裹在穿好铜丝的小瓶盖组外面，制作成带轮。

11 截取一段长 10.5 厘米的绝缘铜线，只剥离一端 2 厘米的绝缘保护层。

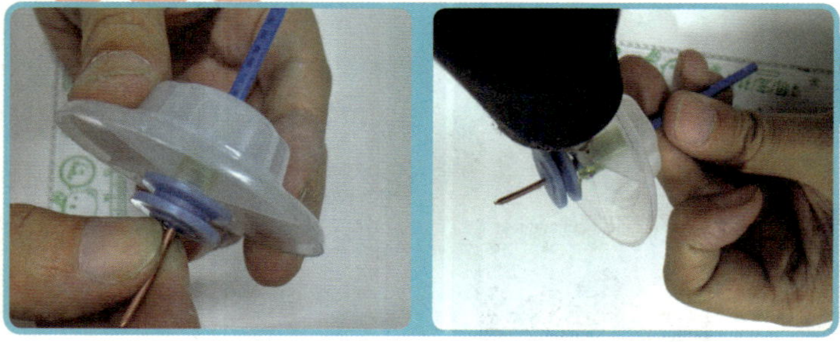

12 铜丝依次穿过大瓶盖和 1 个轮盘，并用热熔胶固定。

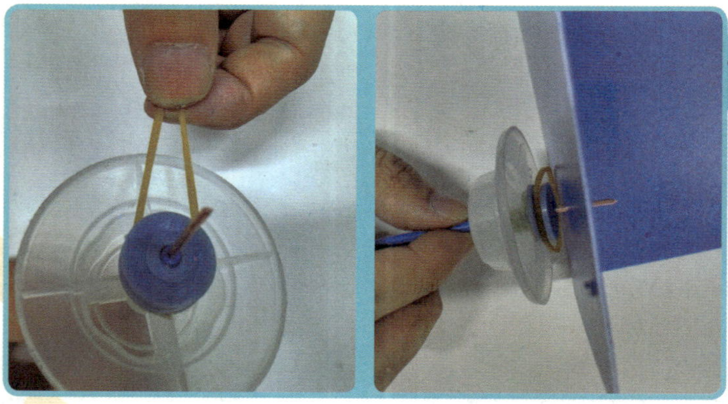

13 把橡皮筋套在轮盘上，再把铜丝穿过塑料板上的圆心小孔，用尖嘴钳掰弯多余的铜丝，固定好这个组合。

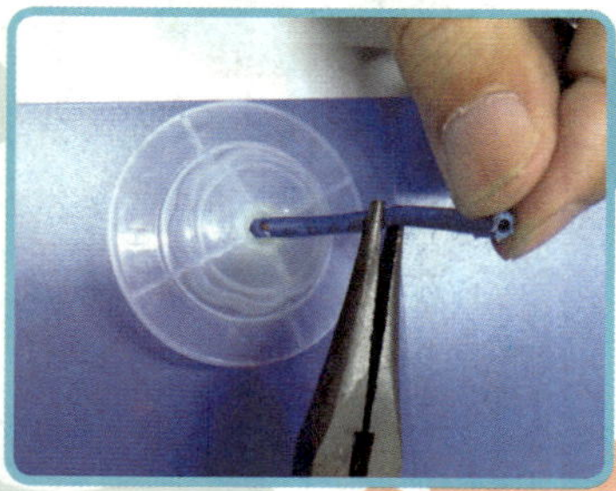

14 用尖嘴钳拗弯另一端绝缘铜线，做成把手状。

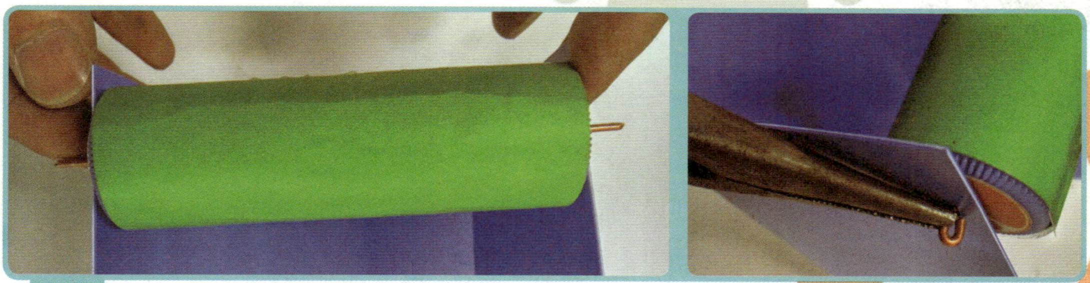

15

两端铜丝等长的两个带轮安装在远离把手的位置，铜丝穿过塑料板宽边的孔，再用尖嘴钳拗弯多余的铜丝。

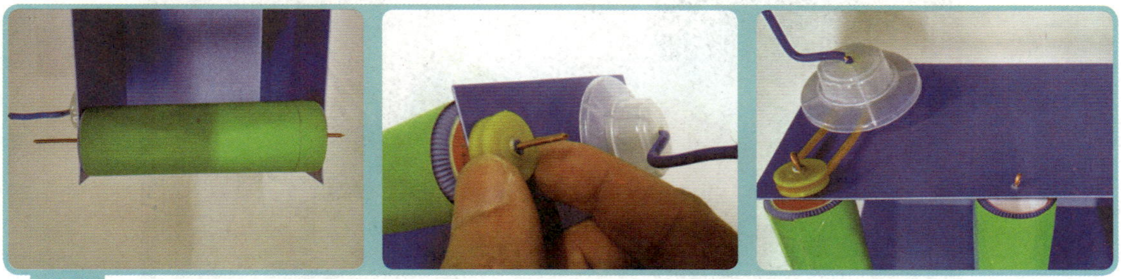

16

两端铜丝不等长的那个带轮安装在靠近把手的位置，长 2.5 厘米的那端铜丝穿过把手一侧的孔，再穿过另一个轮盘，套上橡皮筋（可以多套几根）。

17

选你喜欢的包装纸，裁剪成 45 厘米 ×10 厘米的长方形，将其缠绕在带轮上，包装纸宽边用双面胶连接好。

一起玩

把自己设计的礼物盒放在传送带下方，招呼小伙伴准备好礼物放在传送带上，转动把手，收礼物啦！

你知道礼物排队机的奥秘吗？旋转手柄，力依次通过轮盘、皮筋、轮轴传递到传送带上，带动传送带运动，礼物就跟着传动带向前进。

为自己点赞（给“点赞手”涂色）

- 做起来容易吗？
- 看起来漂亮吗？
- 玩起来有趣吗？

悬挂输送机

工厂常用的连续搬运物料的机器叫悬挂输送机，输送路线多样，配备高效、智能、安全的装置，非常实用。我们来模拟制作一台简易版设备，物体悬挂在它高高的钩子上，把手则在很低的位置，快来体验它的特点吧！

材料

塑料文件盒 1 个
长 4 厘米的绝缘铜线 2 根
长 8 厘米的绝缘铜线 1 根
长 5 厘米的铜丝 1 根
轮盘 3 个
橡皮筋 2 条
透明胶 1 卷

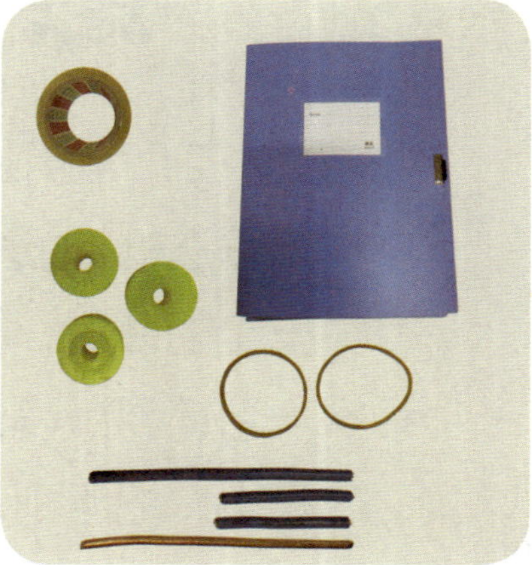

动手做

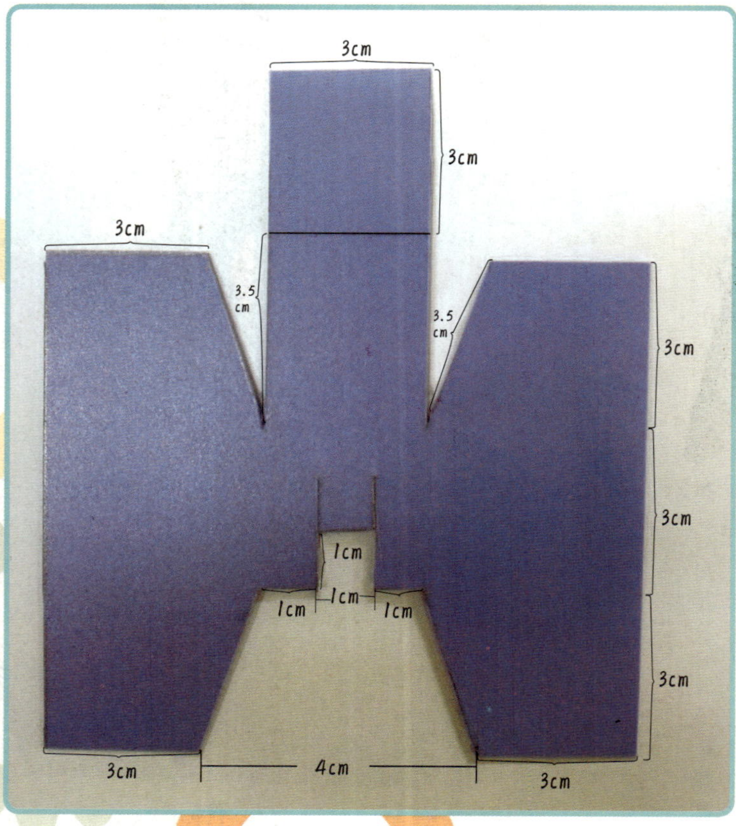

1 利用塑料文件盒，剪取 1 块塑料板。在塑料板上画出底座的平面展开图并剪切。

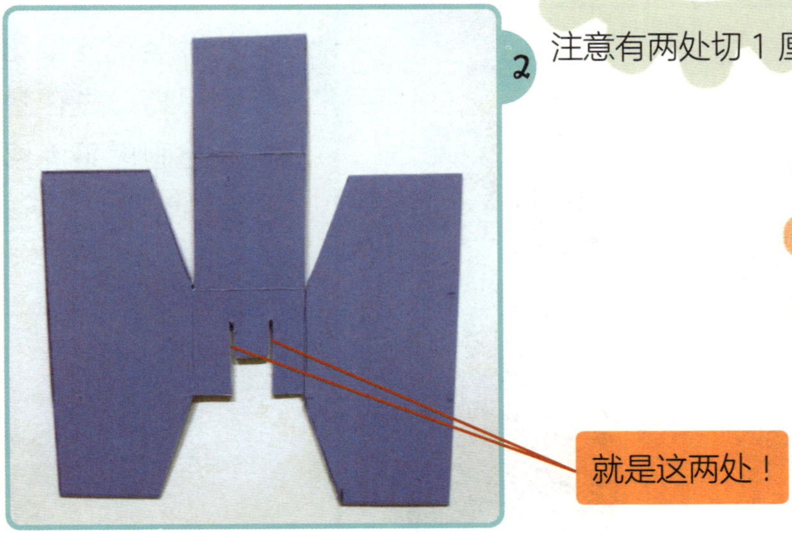

2 注意有两处切 1 厘米。

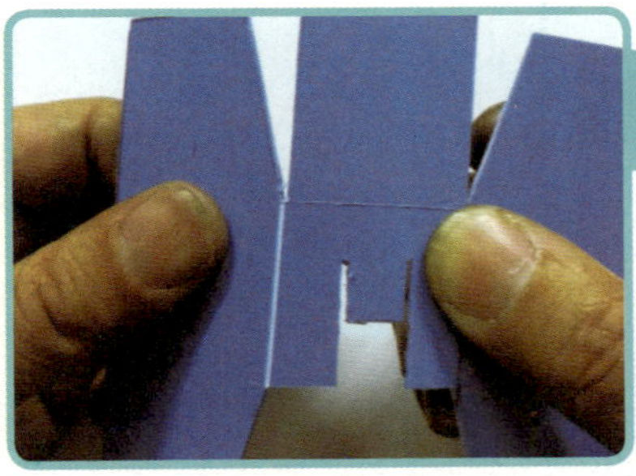

3 沿着划痕对折。

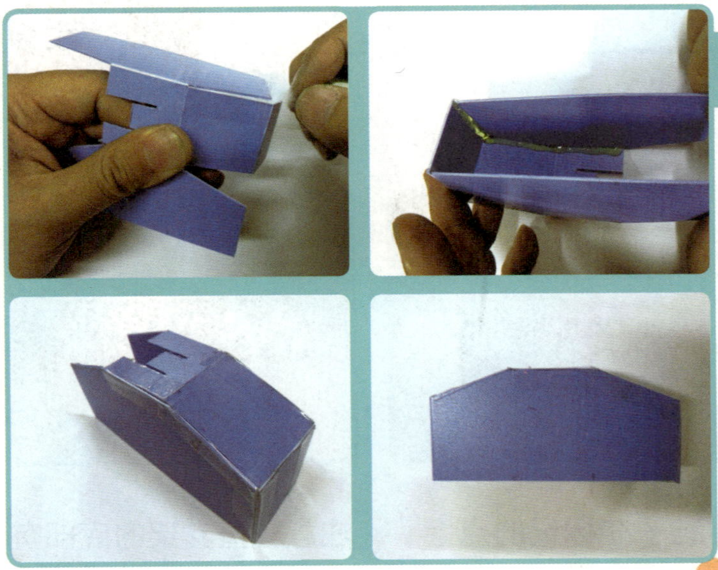

4 用透明胶把接缝处粘好，再用热熔胶固定，底座就完成了。

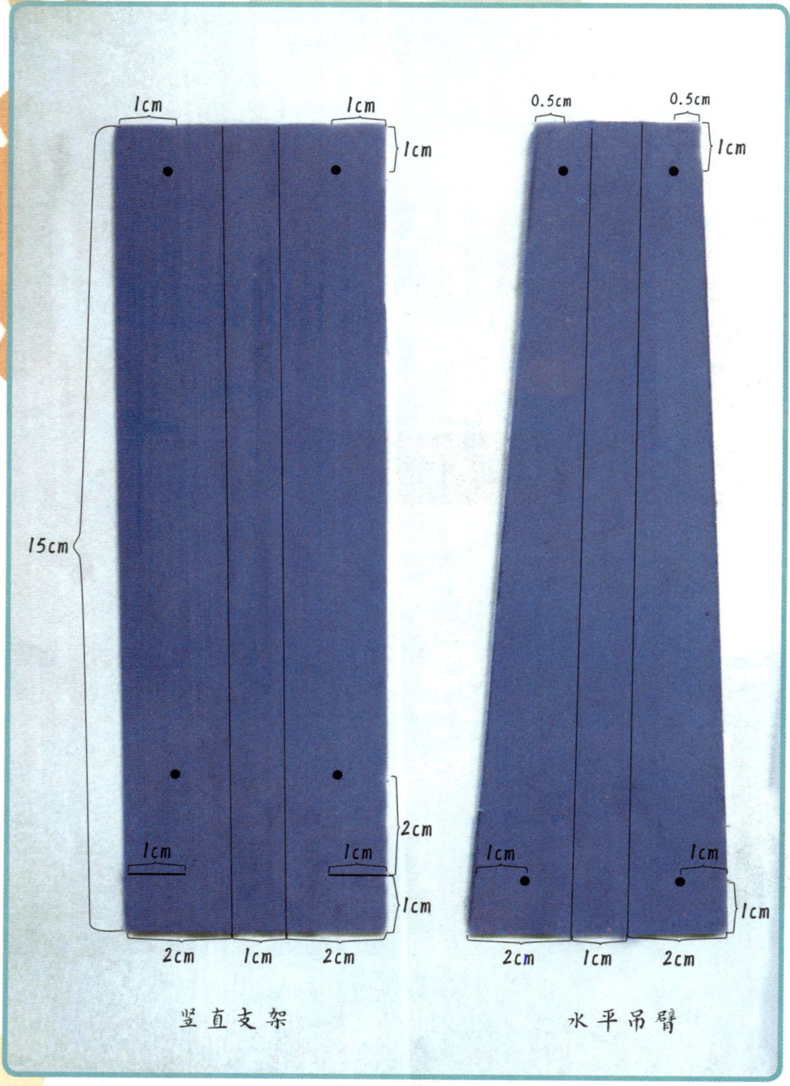

5 接着做竖直支架和水平吊臂。先在塑料板上画出平面展开图并剪切。

就是这两处！

6 用刀沿着画好的直线轻轻划出痕迹。

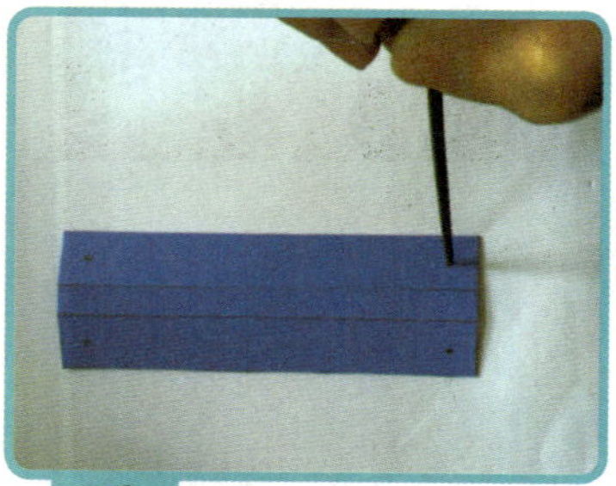

7 用锥子在标记的点上打孔。

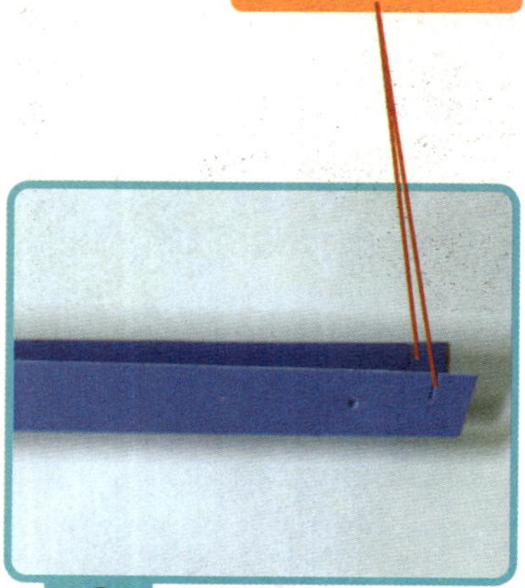

8 注意竖直支架的底部有两处要切 1 厘米。

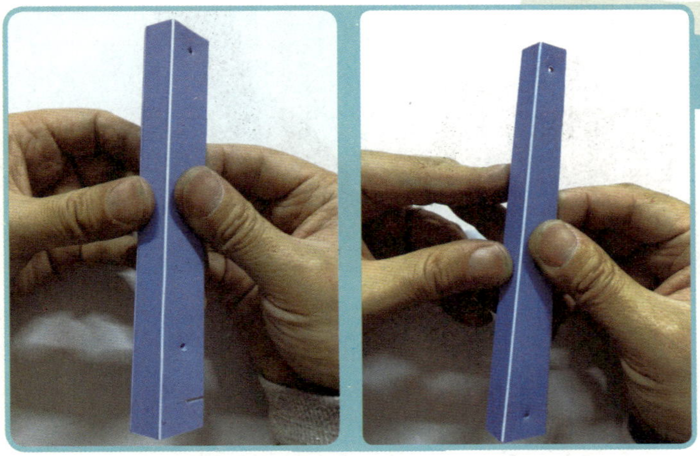

9 沿着划痕对折。

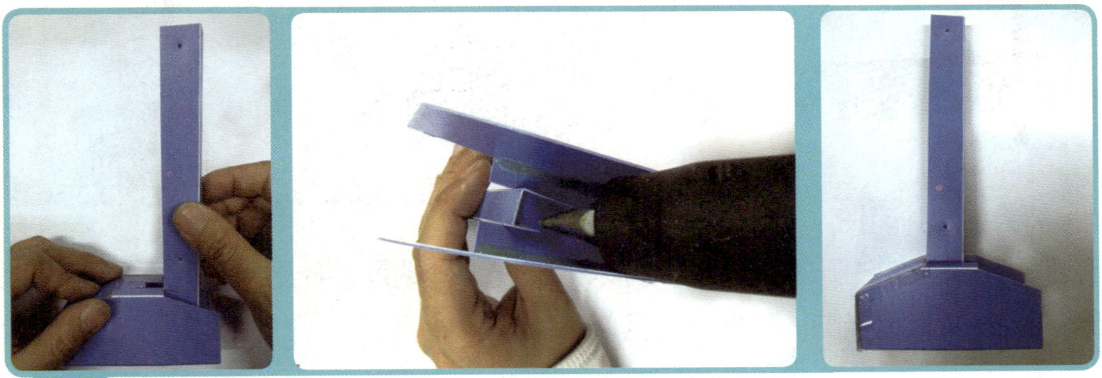

10

把竖直支架插入底座，用热熔胶固定。

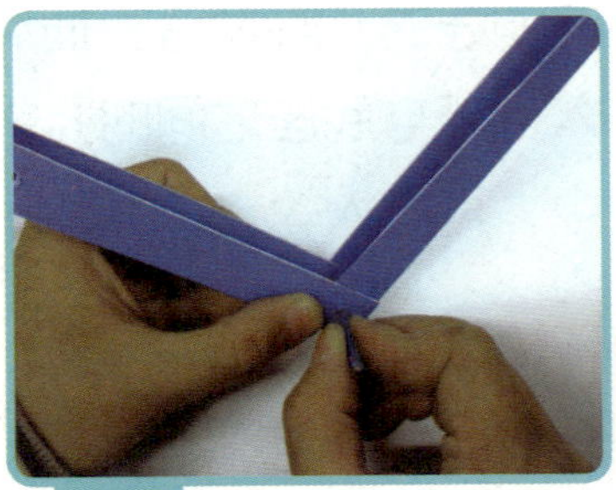

11

连接水平吊臂与竖直支架，在连接处的小孔内插入长 4 厘米的铜线。

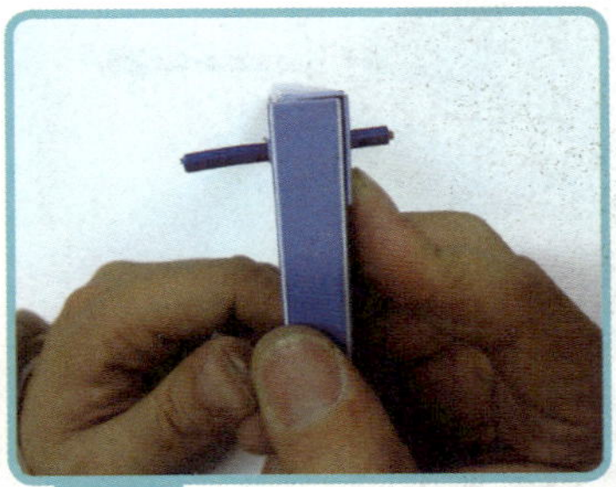

12

铜线一端留约 0.8 厘米，另一端留约 2 厘米。

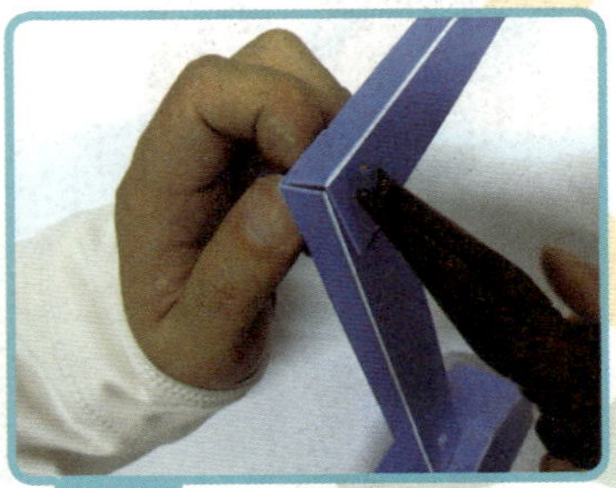

13

用尖嘴钳把长 0.8 厘米的铜线向上拗弯。

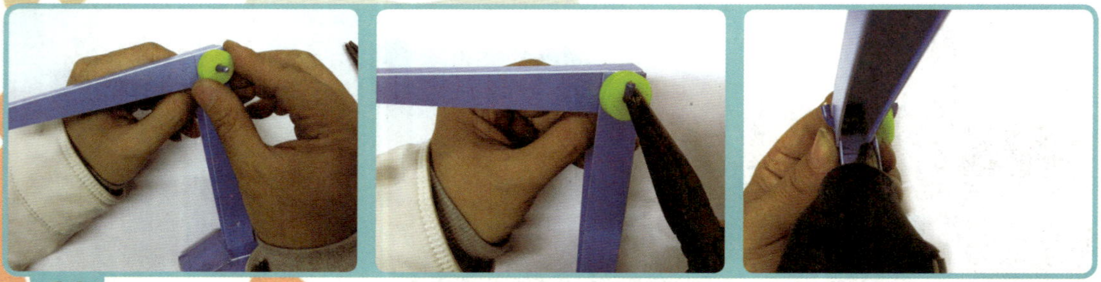

14

在长 2 厘米的一端插入轮盘，用尖嘴钳向上拗弯多余的铜线，再用热熔胶在内部进行固定。

15

在水平吊臂末端的孔内插入长 4 厘米的铜线，一端留 0.8 厘米，另一端留 2 厘米。再在长 2 厘米的一端插入轮盘。

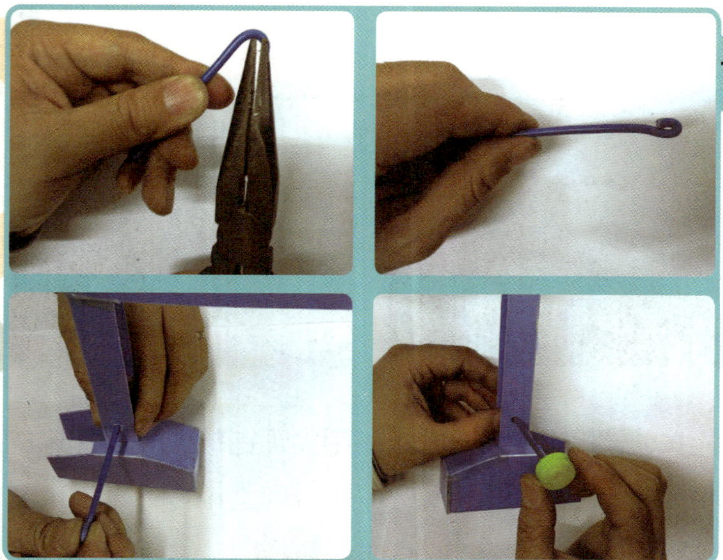

16

用尖嘴钳把长 8 厘米的铜线的一端拗弯，插入支架与底座之间的孔中，再穿入轮盘。

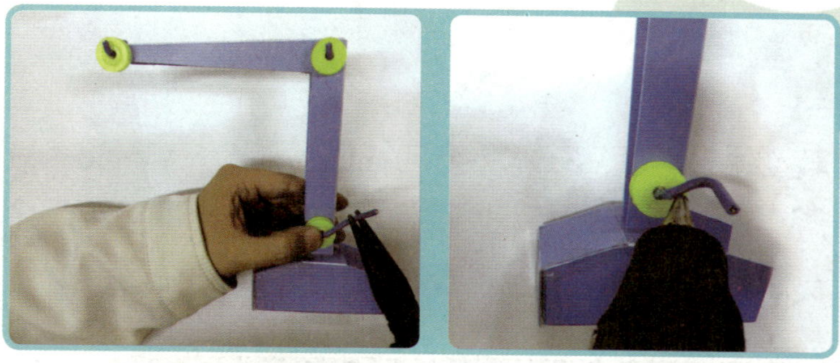

17 用尖嘴钳把多余的铜线弯成手柄状，再用热熔胶固定。

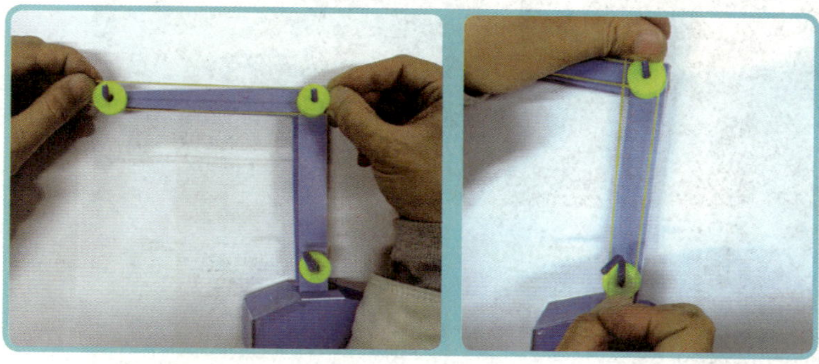

18 把橡皮筋套在两个轮盘上。

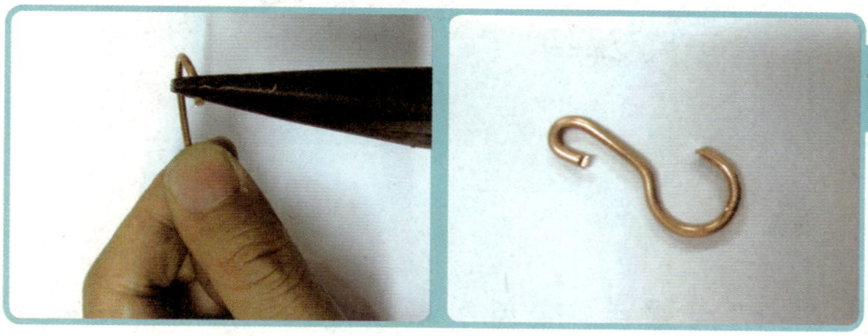

19 用尖嘴钳把长 5 厘米的铜丝弯成挂钩状。

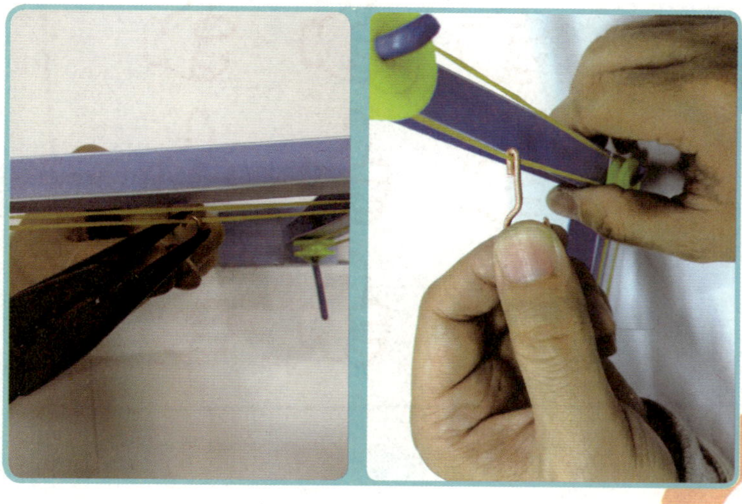

20 把挂钩挂到水平吊臂的橡皮筋上，用尖嘴钳把挂在橡皮筋那端的铜丝捏扁。

一起玩

把小物件挂在钩子上，转动手柄，使它在水平方向往返运动。

你看！力依次通过第一个轮盘、橡皮筋传递到第二个轮盘上，带动第二个轮盘转动，第二段橡皮筋也一起转动，小物件就跟着橡皮筋传送带左右运动。

为自己点赞（给“点赞手”涂色）

- 做起来容易吗？
- 看起来漂亮吗？
- 玩起来有趣吗？

第7课

曲轴传动多巧妙

我是曲轴传动

我由弯弯曲曲的轴和连杆组成。曲轴上下运动时产生力，力传到连杆，连杆跟着运动。连杆也可以带动曲轴运动。

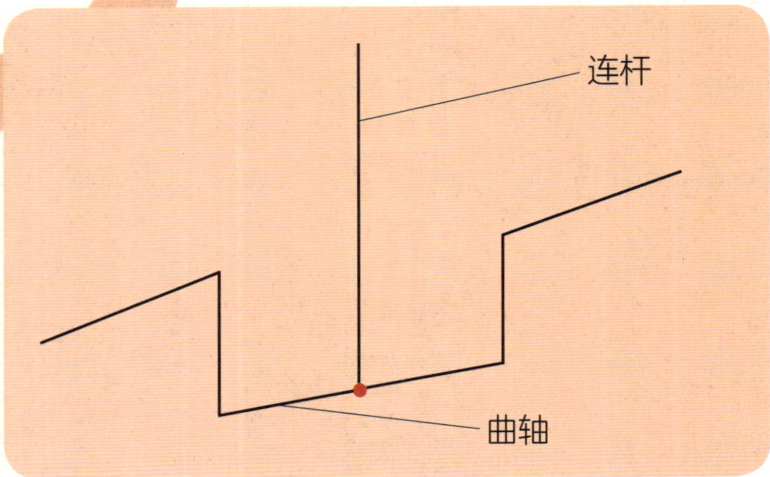

找找我在哪儿

你知道吗

大约公元前 100 年，中国人发明了曲柄。公元前 200 年，中国人开始在农业、手工业生产中使用曲柄摇杆。手摇纺车就是利用曲柄摇杆原理发明的。它采用毛、棉、麻、丝等原料，通过人工机械传动，以旋转抽丝延长的方式生产线或纱。摇杆位于绳轮轮中心，转动摇杆时，绳轮就开始转动。

自动打鼓车

热闹的聚会上，可爱的小鼓手来助兴！这是一个欢乐的小鼓手，咚砰砰咚砰，敲打出动听的节奏！这是一个尽职的小鼓手，咚砰砰咚砰，花车开到哪儿，鼓声就传到哪儿！

材料

塑料文件盒 1 个
长 50 厘米的铜丝 1 根
饮料塑料瓶 1 个
瓶盖 4 个
小风车 1 个

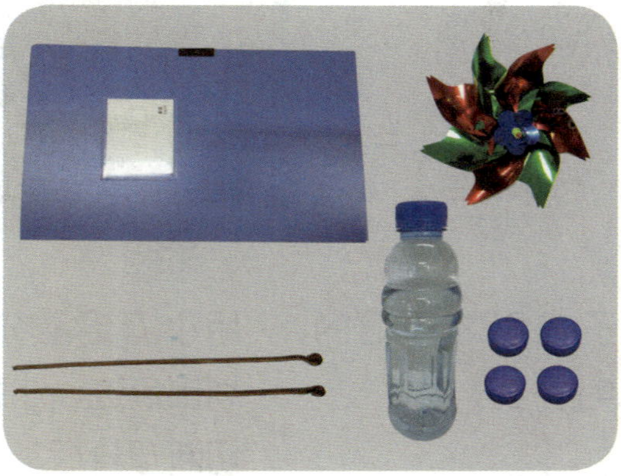

动手做

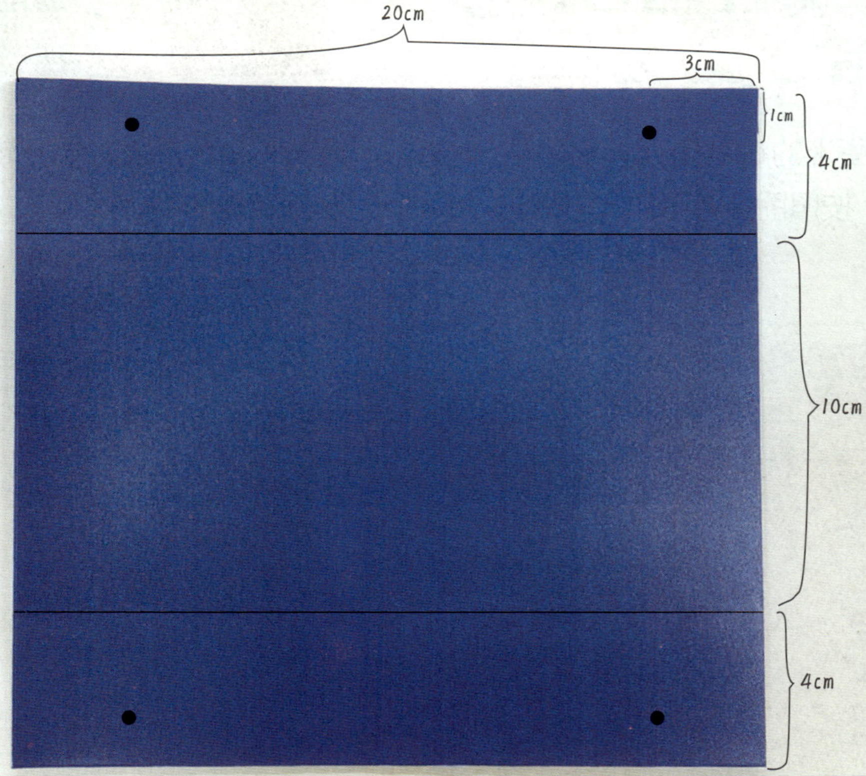

1

利用塑料文件盒，剪取 1 块塑料板。把塑料板划分成 3 块区域，画出分块线，根据尺寸标记 4 个点位。

2

用锥子在刚才标记的4个点位打孔。

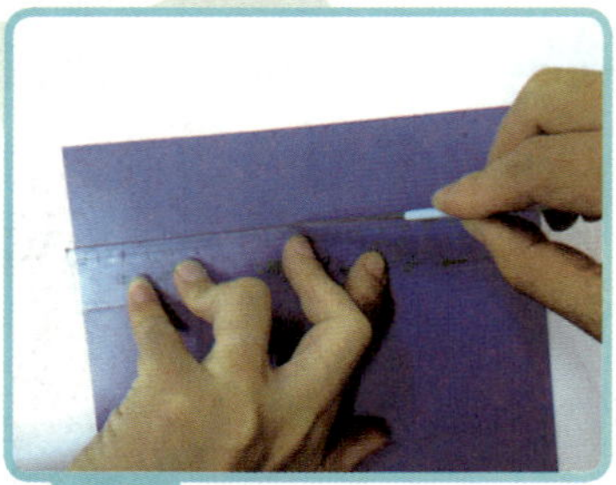

3

用小刀沿着分块线轻轻划出痕迹，注意不要用力切断塑料板。

4

沿着划痕向另一面对折，注意两边的塑料板垂直于中间的塑料板。

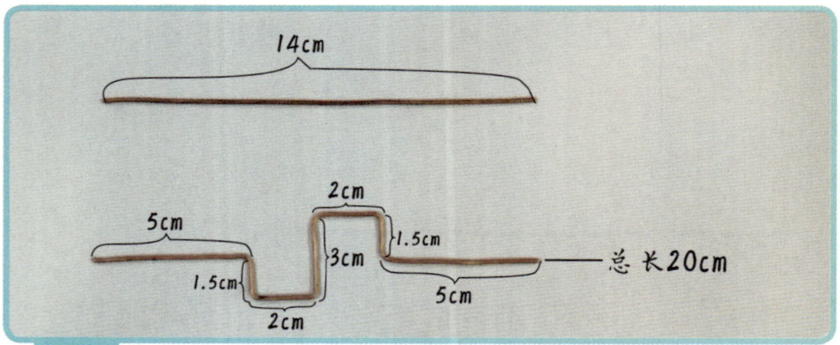

5

截取一根长14厘米的铜丝备用。再截取一根长20厘米的铜丝，按照图中标示的尺寸弯曲，做成曲轴。

6

用彩纸装饰瓶盖，再用锥子在瓶盖的中心打孔。

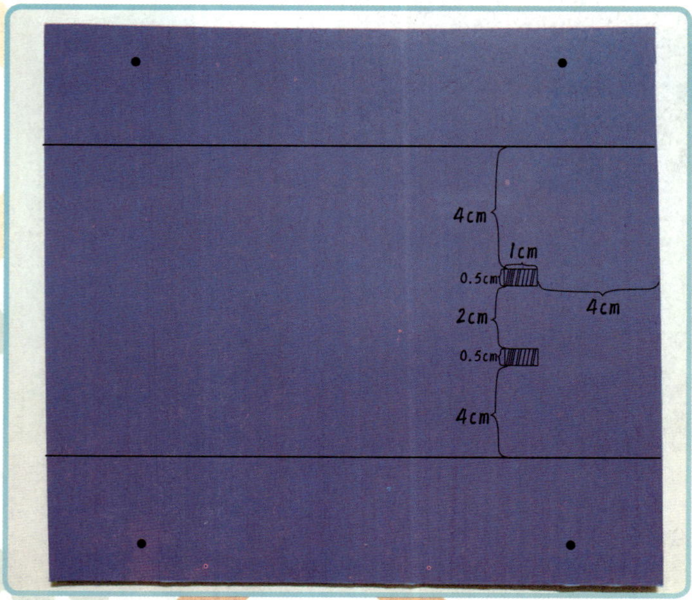

7

在塑料板上标记好连杆活动的位置和形状，先打孔再割出小方块。

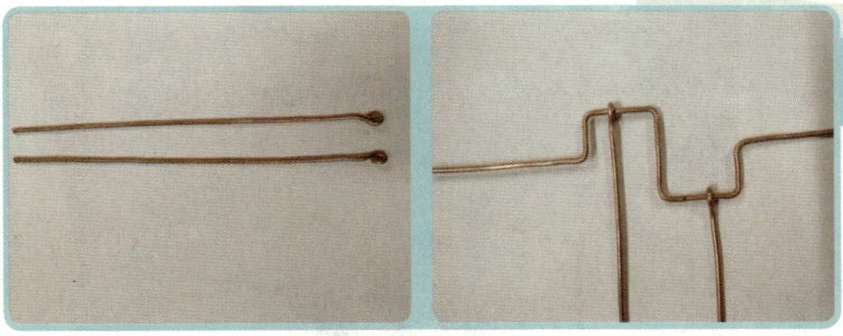

8 截取两根同样长10厘米的铜丝做连杆，用尖嘴钳把一端弯成小圆环状安装在曲轴上。

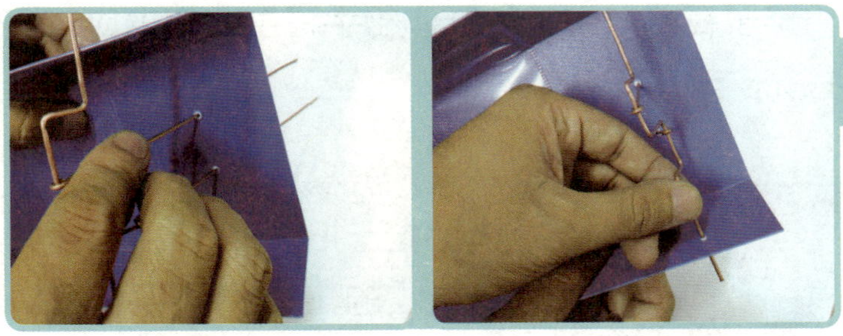

9 连杆另一端穿过塑料板中间的孔内，再把曲轴穿过塑料板两侧的孔内。

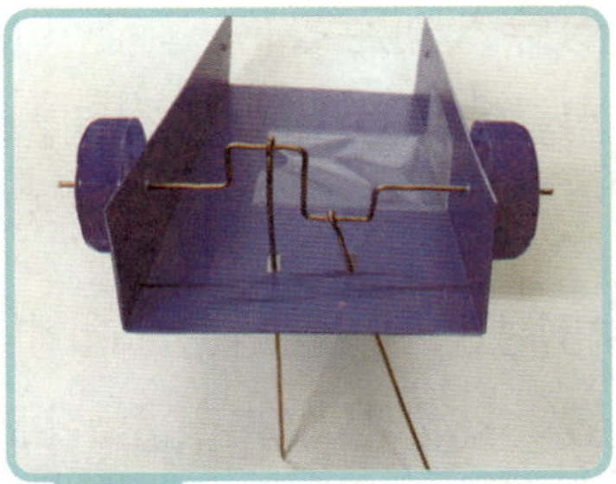

10

曲轴两端再穿过瓶盖的中心孔。

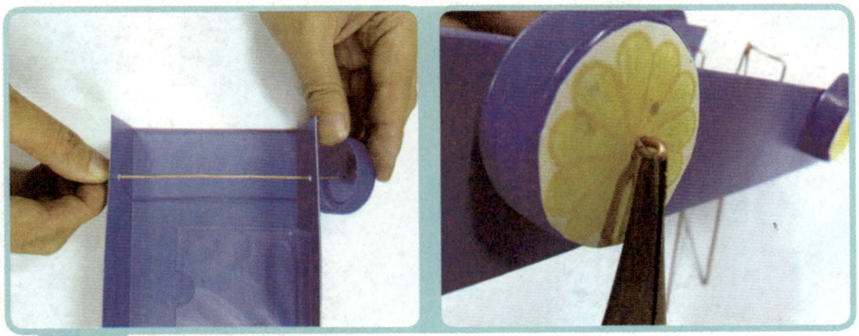

11

长14厘米的铜线穿过塑料板安装瓶盖，用尖嘴钳拗弯多余的铜丝，固定瓶盖。

12

把自己喜欢的形象做成“鼓手”！记得先分开“鼓手”的手臂和身体！

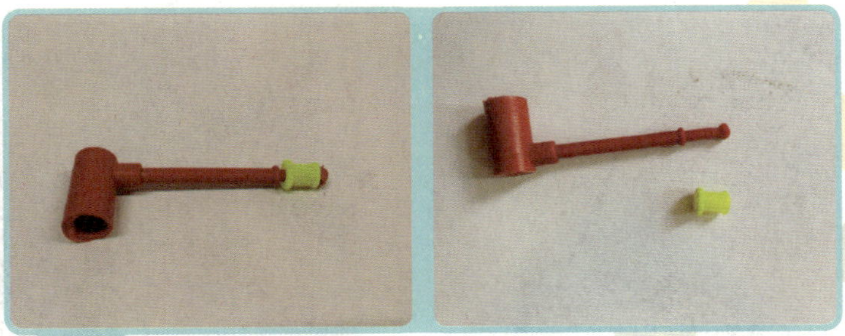

13

从风车玩具中提取需要的卡扣和手柄。

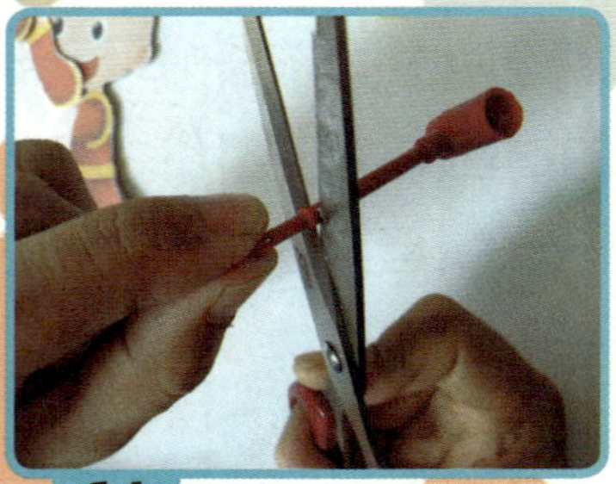

14

剪取前端插入卡扣的部分作为固定零件。

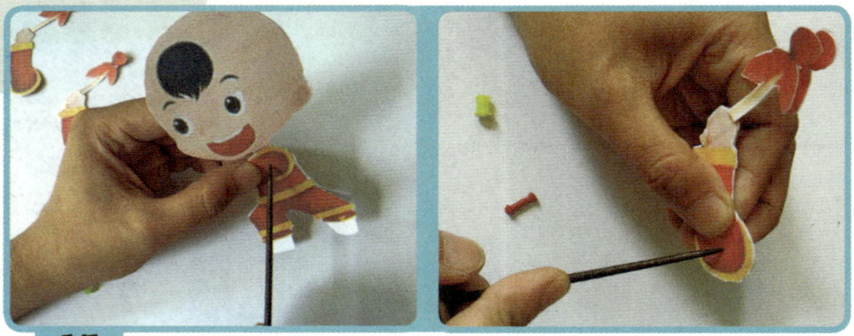

15

用锥子在“鼓手”的身体和手臂重叠的相应位置打孔。

16

把卡扣穿入“鼓手”身体上的孔，然后把两只手臂上的孔对准卡扣上的孔，再穿入固定零件，调整位置，方便手臂上下挥动。

17

利用矿泉水瓶做一面小鼓，找你喜欢的布面装饰这面鼓！

18

用锥子在“鼓手”的手背上打孔。

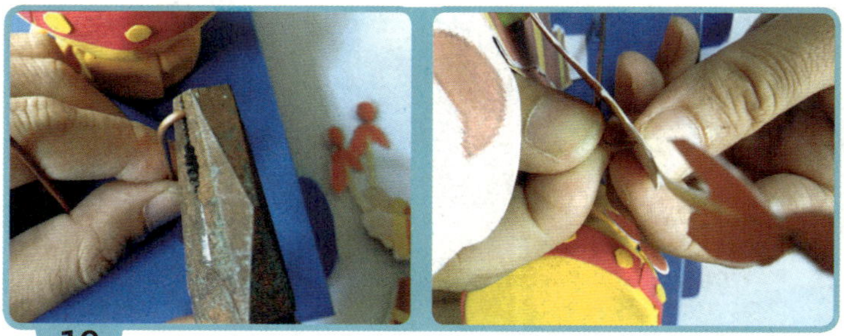

19

用钢丝钳把连杆突出塑料板的那一端拗弯，弯曲的部分穿过“鼓手”手背上的孔，最后把“鼓手”固定在塑料板上。

一起玩

推动小车向前向后，小鼓手可以自己打鼓！

自动敲鼓的奥秘在于车轮运动带动曲轴运动，再将力传导至连杆，连杆便能上下运动。

能不能让小鼓手的打鼓动作更加流畅？

为自己点赞（给“点赞手”涂色）

●做起来容易吗？

●看起来漂亮吗？

●玩起来有趣吗？

飞舞的花蝴蝶

看！那优美的舞姿，那婀娜的身材，那美丽的翅膀，“空中的舞蹈家”蝴蝶在花丛中飞舞！自制一只漂亮的蝴蝶，不管是在百花盛开的春天，还是在万物沉睡的冬天，都可随心情放飞蝴蝶！

材料

筷子 1 根
橡皮筋 1 根
绝缘铜线 1 根
长 5 厘米的铜丝 2 根
长 15 厘米的铜丝 1 根
长 10 厘米的铜丝 1 根

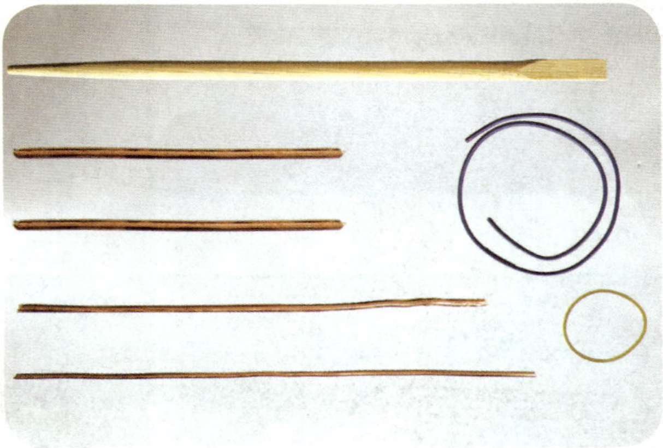

动手做

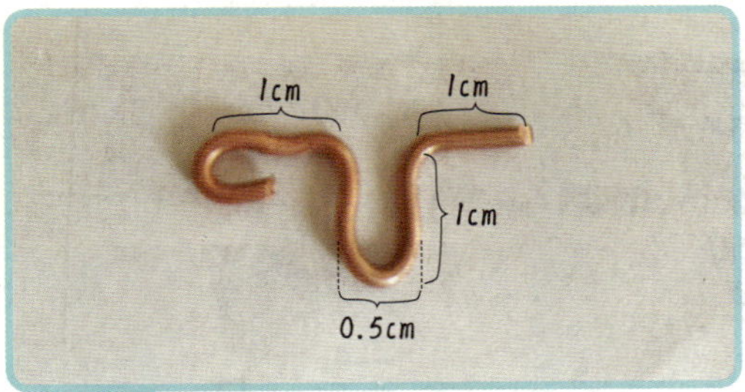

1 用尖嘴钳拗弯一根长 5 厘米的铜丝，做成曲轴。

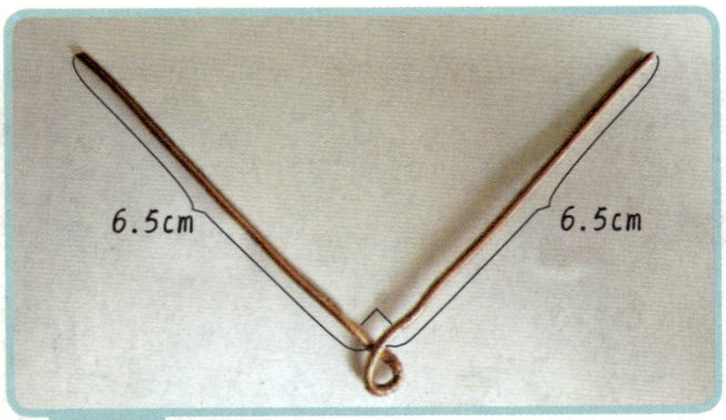

2 再拗弯长 15 厘米的铜丝，做成翅膀的动力臂。注意形成中间的直角。

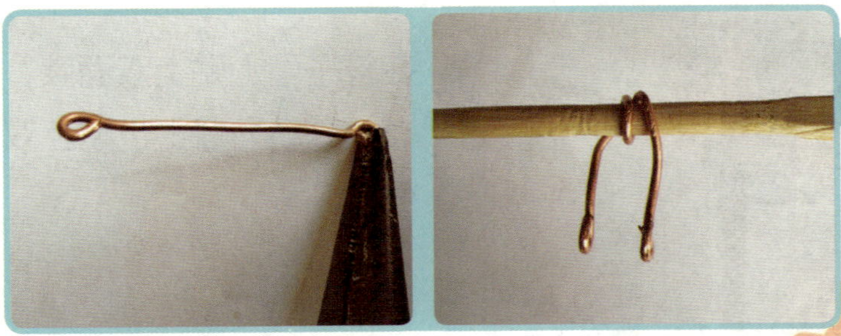

3 用尖嘴钳把长 10 厘米铜丝的两端都弯成圈，缠绕在筷子上部较粗的部分，做成曲轴支架。

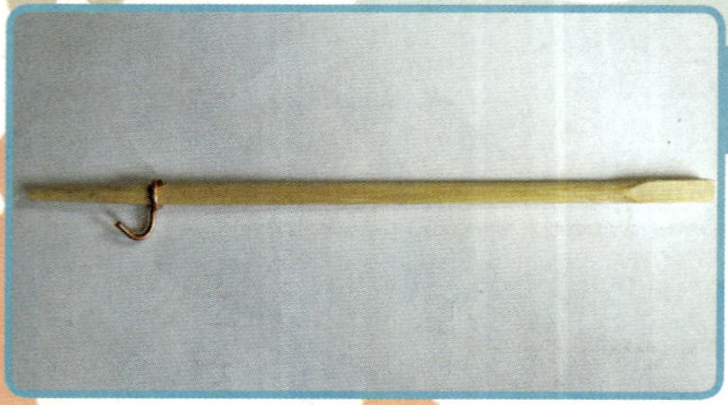

4 把另一根长 5 厘米的铜丝绕在筷子较细的一端做成尾钩。

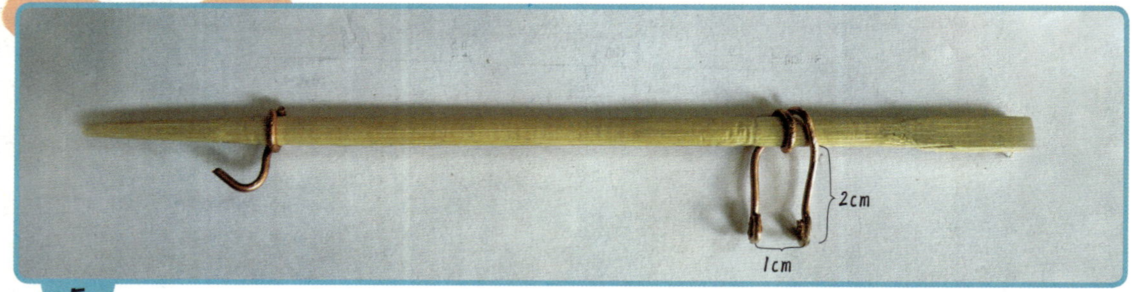

5 曲轴支架绕好后，两端应留有 2 厘米，支架撑脚间距离 1 厘米。曲轴支架与尾钩之间的距离根据橡皮筋的长度可以适当调整。

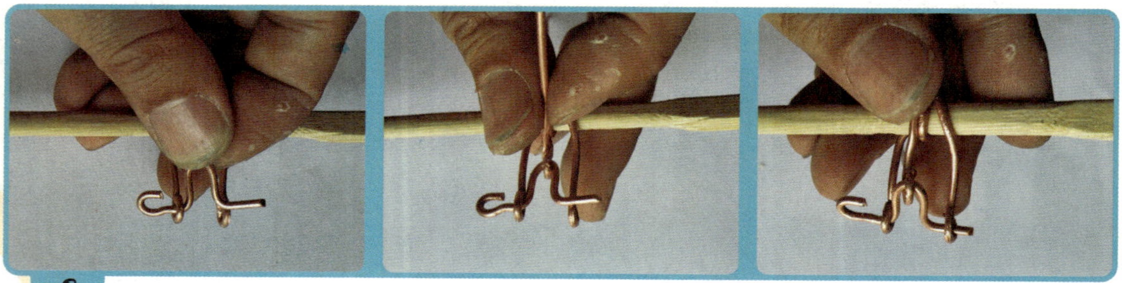

6 把曲轴穿入支架的一只撑脚圈内，再将翅膀动力臂穿入曲轴，最后将曲轴穿入支架的另一只撑脚圈内。

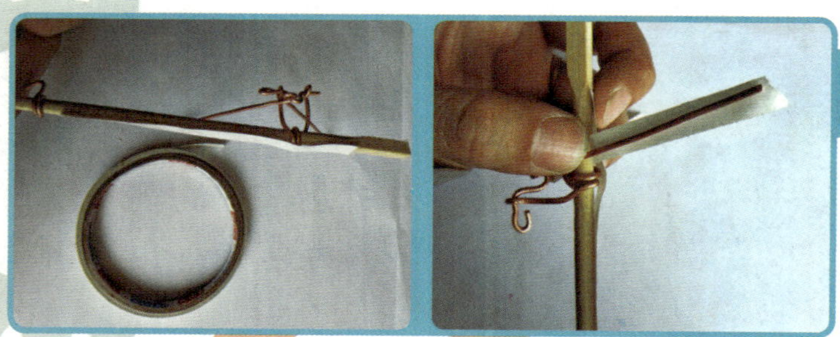

7 在筷子面上贴上双面胶，在翅膀动力臂上也贴上双面胶。

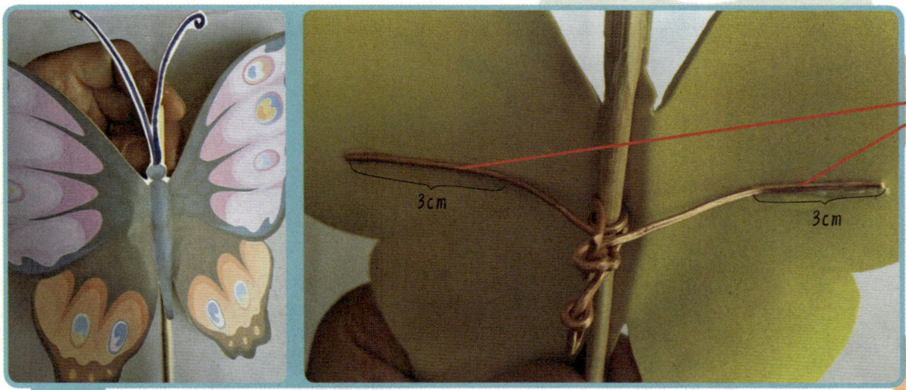

如果不想让翅膀立得太高，可以将动力臂稍微折弯。

8

把画好的蝴蝶粘贴在筷面上，确保动力臂粘在翅膀上。

9 最后，把橡皮筋套在筷子末端的尾钩和上部的支架钩上。

一起玩

旋转曲轴绕紧橡皮筋，然后放开花蝴蝶吧！

花蝴蝶为什么能自己飞起来呢？原来是皮筋的动力通过曲轴转换成蝴蝶翅膀的动力！

为自己点赞（给"点赞手"涂色）

●做起来容易吗？

●看起来漂亮吗？

●玩起来有趣吗？

第8课

液压传动力量大

我是液压传动

我是应用液体作为工作介质来传递能量和进行控制的传动方式。

我的装置小巧轻便，安装灵活性强，方向易改变，容易实现自动化，操作简单，应用广泛。

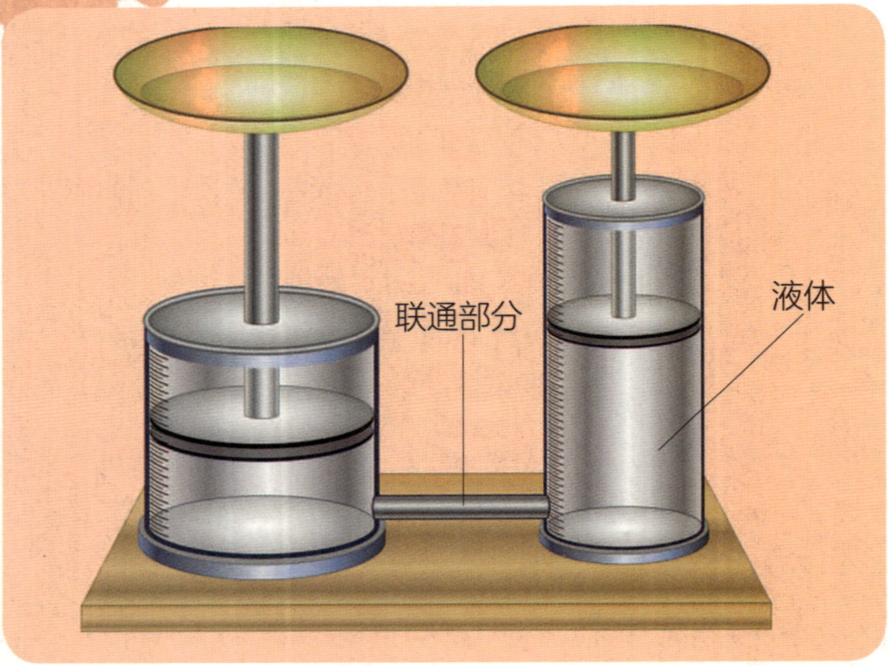

找找我在哪儿

你知道吗

1795 年，英国人约瑟夫·布拉曼用水作为工作介质，诞生了世界上第一台水压机。1905 年，工作介质由水改成油，机器得到改进。1918 年后，液压传动广泛应用，发展迅速。液压元件在 20 世纪初进入正规的工业生产阶段。维克斯发明了压力平衡式叶片泵，为近代液压元件工业奠定了基础。康斯坦丁·尼斯克对能量波动传递的研究进一步推动了液压传动应用领域的发展。

创意吊臂

还记得动画片《托马斯和他的朋友们》吗？托马斯小火车有好几个吊车朋友，他们都有一根长长的吊臂，能轻松地勾起东西，再放下，非常灵巧。我们就来制作灵活有用的吊臂吧！

材料

塑料文件盒1个
不同规格的针筒各1个
针头2个
软管1根
铜丝若干

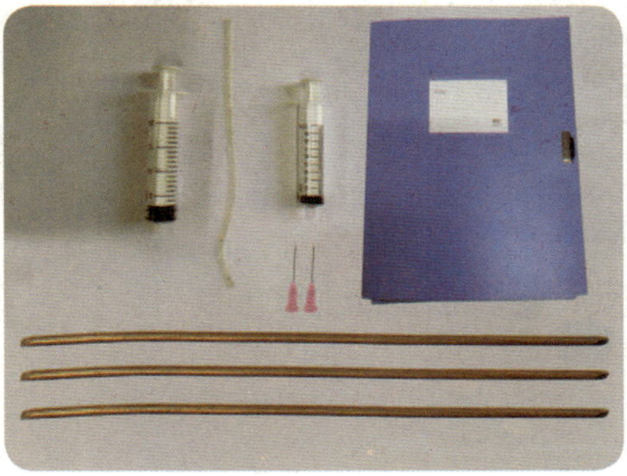

动手做

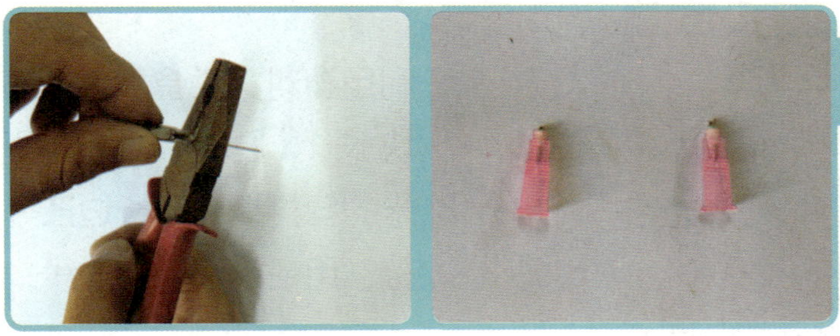

1 用钢丝钳把针头上的针拔掉，留下针托。

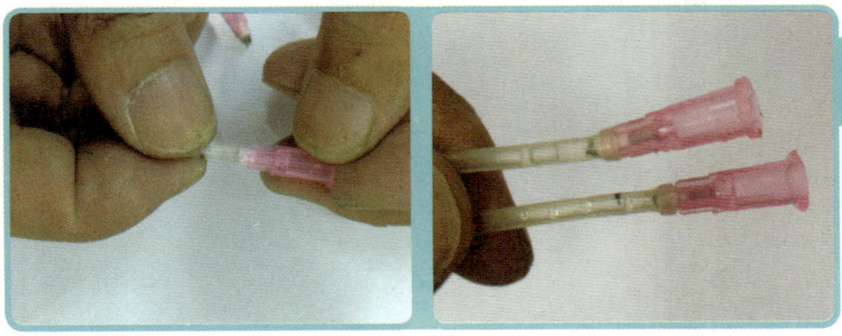

2 把软管两头分别塞入两个针托，做成联通部件。

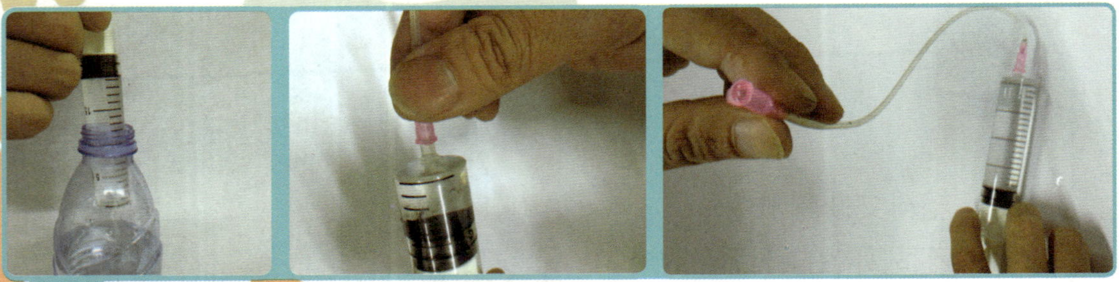

3

将一支针筒吸水，插上联通部件，排出软管里的空气。

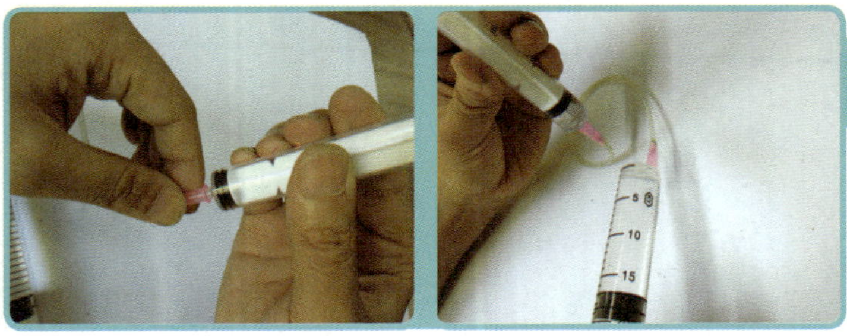

4

把联通部件的另一头接入另一支针筒，推动针筒活塞，测试能否正常进行液压传动。

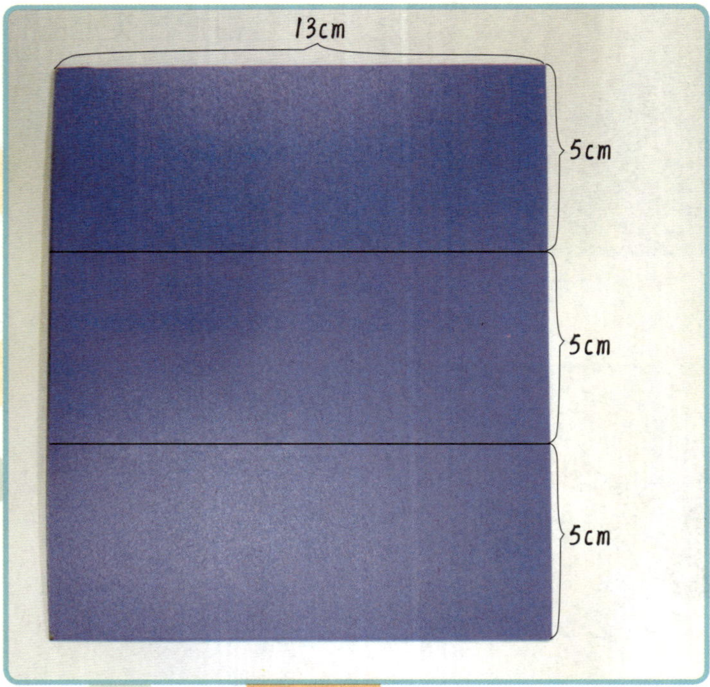

5

利用塑料文件盒，剪取 1 块长 15 厘米、宽 13 厘米的塑料板，把长边三等分，用铅笔画出等分线。

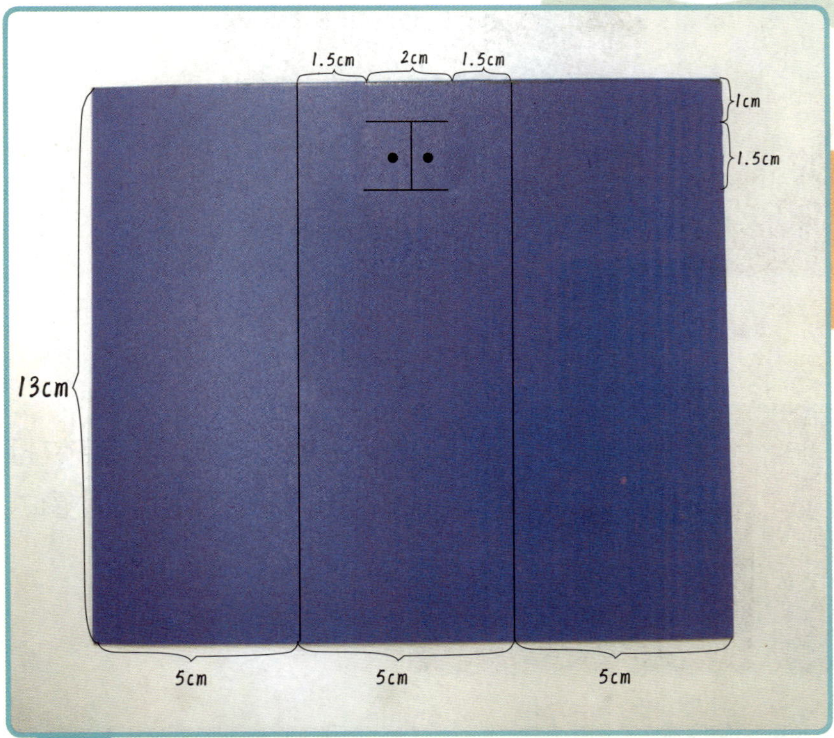

6

按照标好的尺寸，用铅笔画出“工”和点，点距离中线 3 毫米。

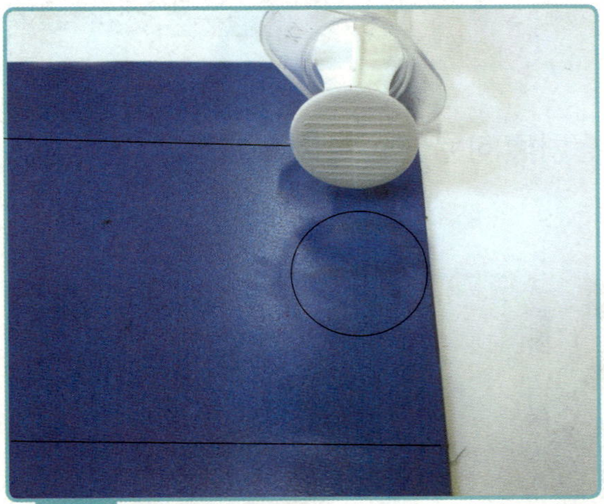

7

在塑料板中间那块的边缘，依据小号针筒活塞底面大小描出圆形。

8

辅助线就都画好了。

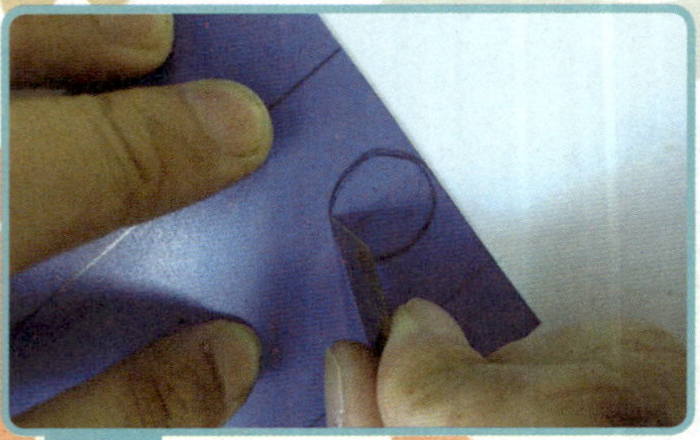

9

用刀挖出圆形的洞。

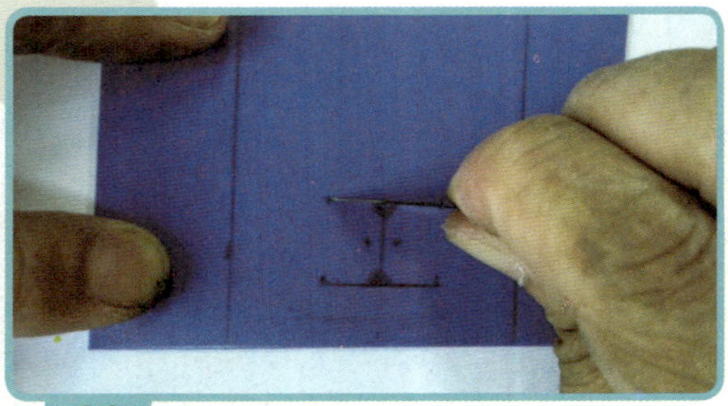

10

用刀沿着画好的“工”形线条切开。

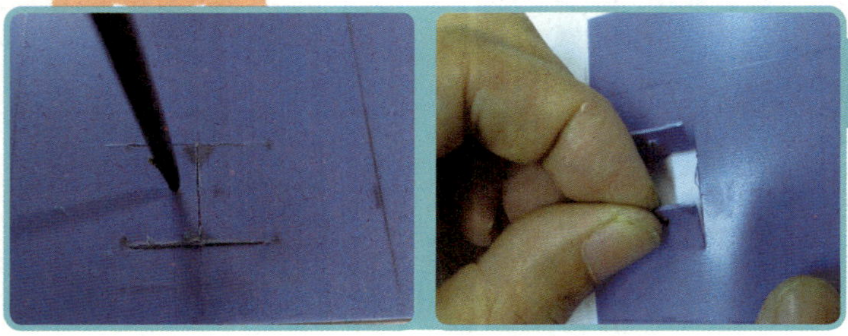

11

用锥子在标记的点位打孔，然后把两片“小窗”打开。

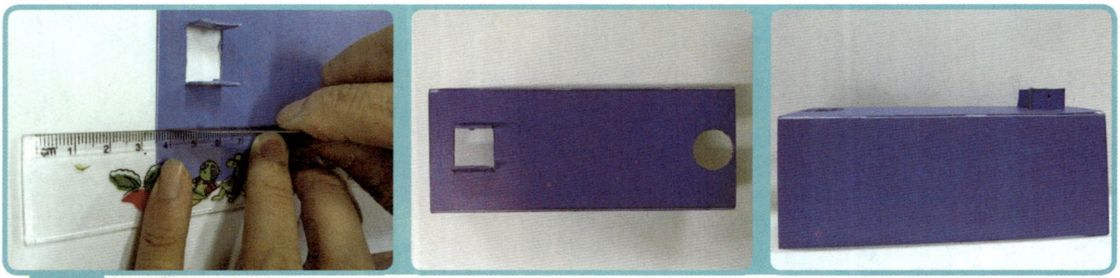

12

用小刀沿着分块线轻轻划出痕迹，再沿着划痕向另一面对折，注意两边的塑料板垂直于中间的塑料板。

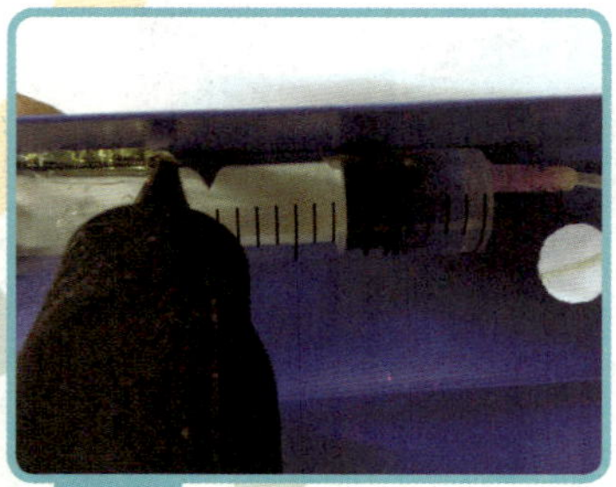

13

用热熔胶把大针筒固定在塑料盒底部，注意活塞位置在靠近“小窗”的一侧。

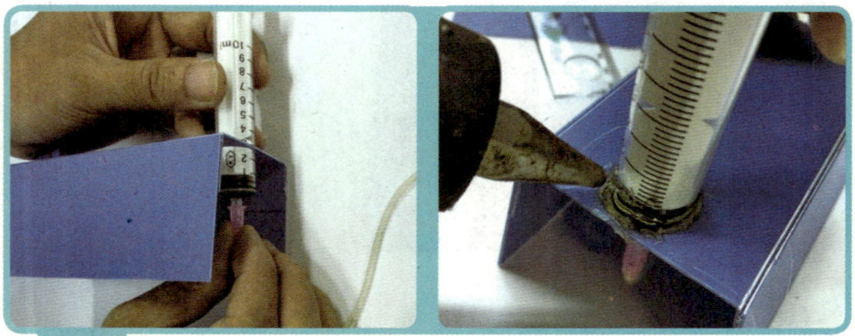

14

把小针筒插入圆形洞中，用热熔胶固定。

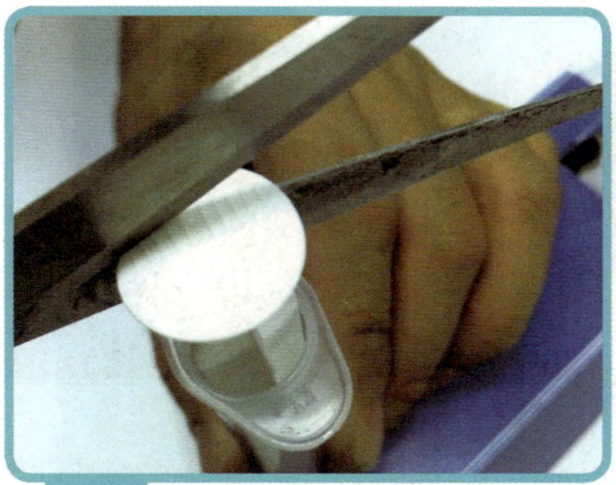

15

剪去小针筒圆形底部的两边。

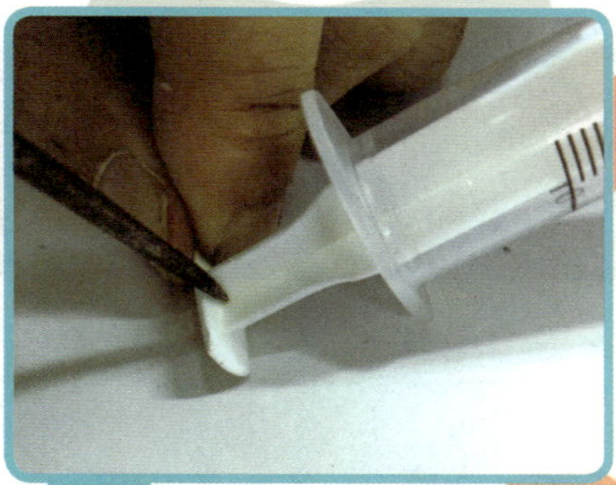

16

用锥子在小针筒活塞靠近底部的地方打孔。

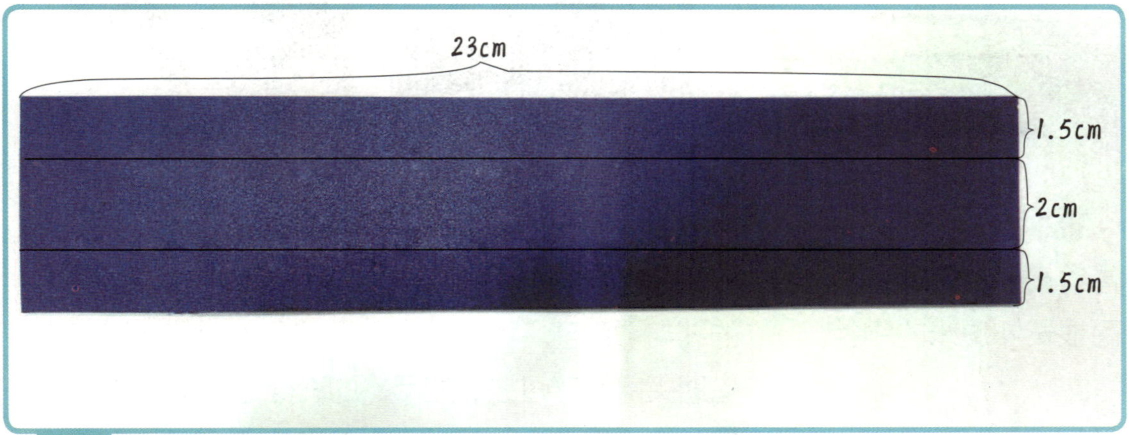

17

剪取 1 块长 23cm、宽 5cm 的塑料板，用铅笔画出分块线。

18

用小刀沿着铅笔画的横线轻轻划出痕迹。

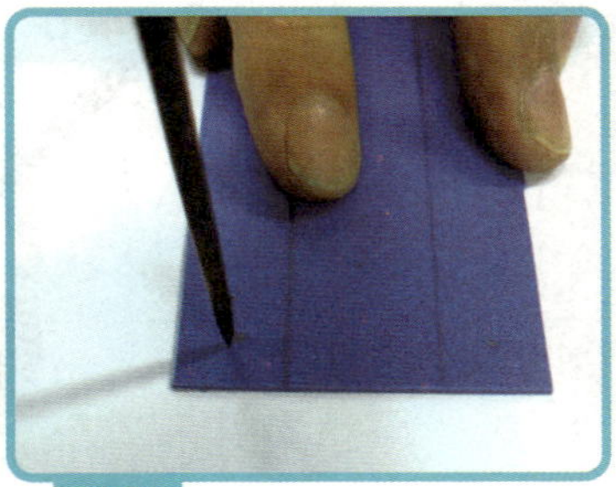

19

用锥子在距离塑料板两边 1 厘米处各打一个孔。

20

把塑料板的边角剪成圆弧状。

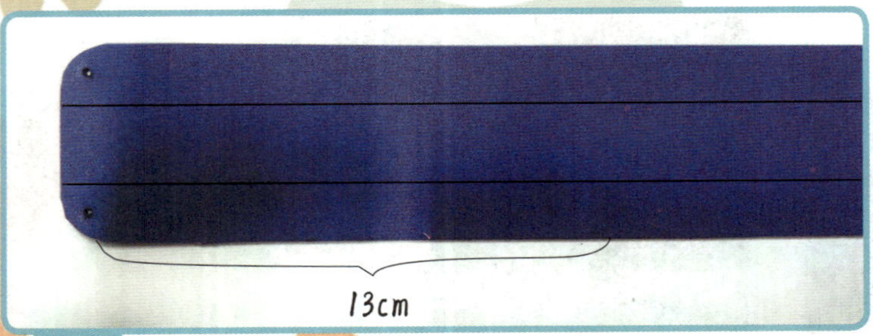

21

在塑料板两条长边距离底孔 13 厘米处做标记，用锥子分别打孔。

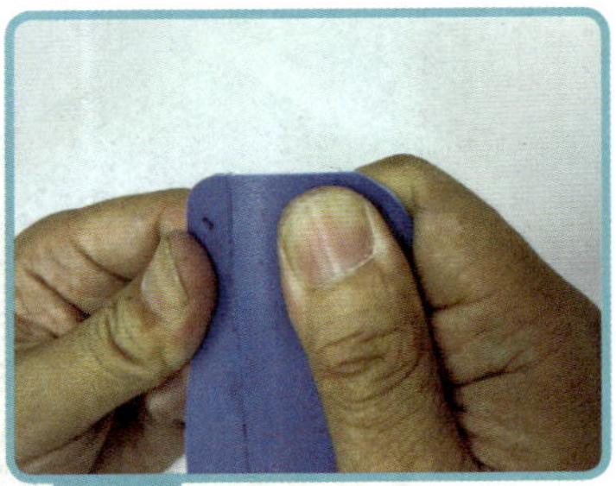

22

把塑料板沿着划痕向另一面对折，做成吊臂。

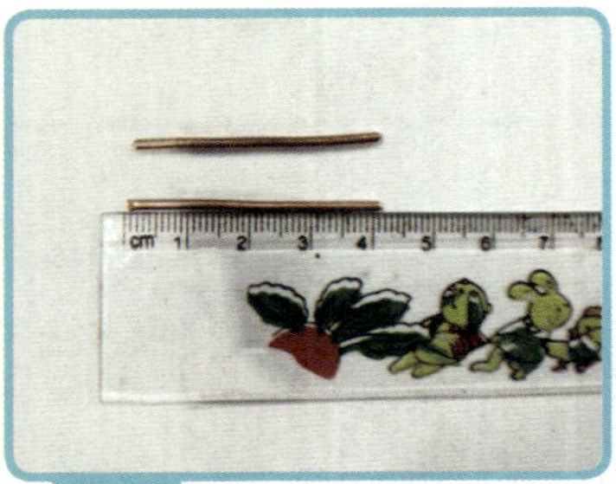

23

借助尺子和尖嘴钳，截取两根长 4 厘米的铜丝。

24

一根铜丝对准吊臂底部的孔与“小窗”上的孔，借助尖嘴钳穿过去，把吊臂和底座连接在一起。

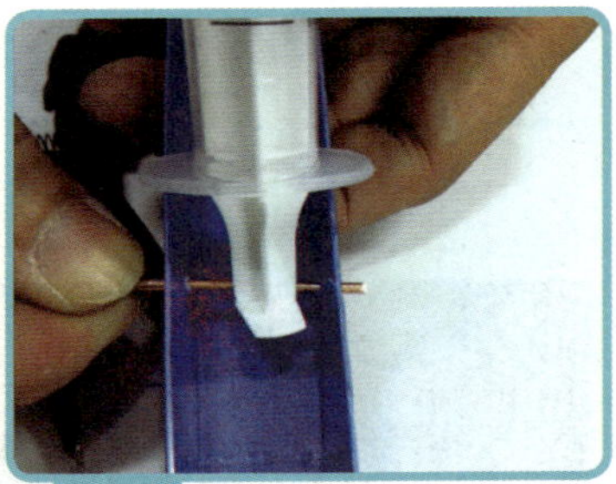

25

另一根铜丝对准吊臂中间的孔与小针筒活塞上的孔穿过去，把活塞和吊臂连接在一起。

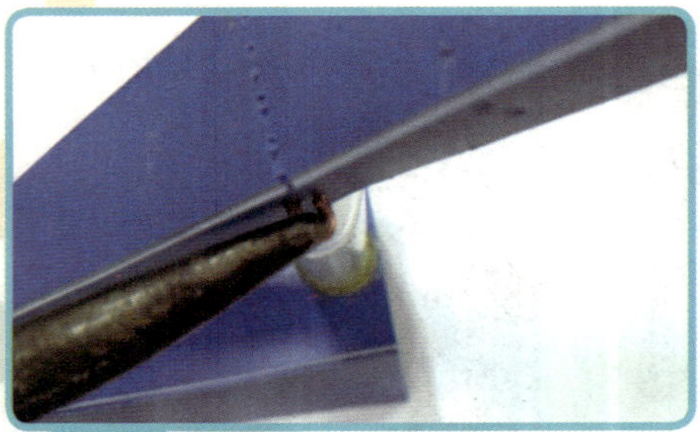

26

用尖嘴钳拗弯多余的铜丝，固定部件。

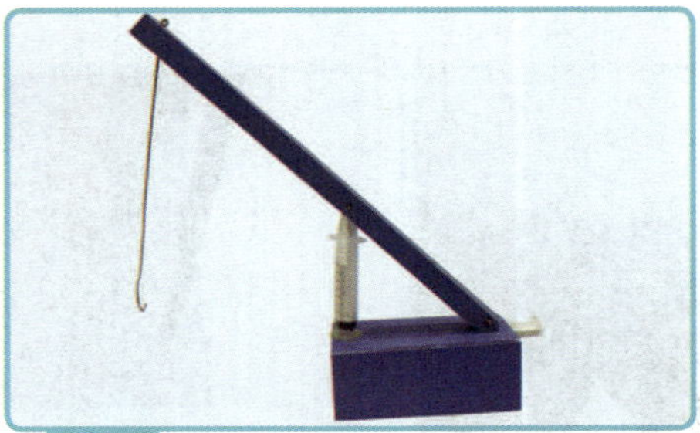

27

在吊臂顶端安装一根长的铜丝，铜丝下端做成挂钩状。最后你可以装饰它！

一起玩

看，我们的吊臂能轻松吊起身边的小物品！

创意吊臂的奥秘一定被你发现了！大针筒里的液体通过软管传送到小针筒，因为小针筒的底面积小，所以小针筒内液体升得更高。

为自己点赞（给“点赞手”涂色）

- 做起来容易吗？
- 看起来漂亮吗？
- 玩起来有趣吗？

趣味升降屏幕

海浪轻抚着沙滩，溅起一朵朵雪白的浪花。早晨，太阳慢慢地升起，大海披上金色的衣裳；傍晚，太阳慢慢地落下，沉入深邃的大海。这么美丽的画面用神奇的升降屏幕就能表现！

材料

塑料板1块
针筒2支
针头2个
软管1根
彩图2幅

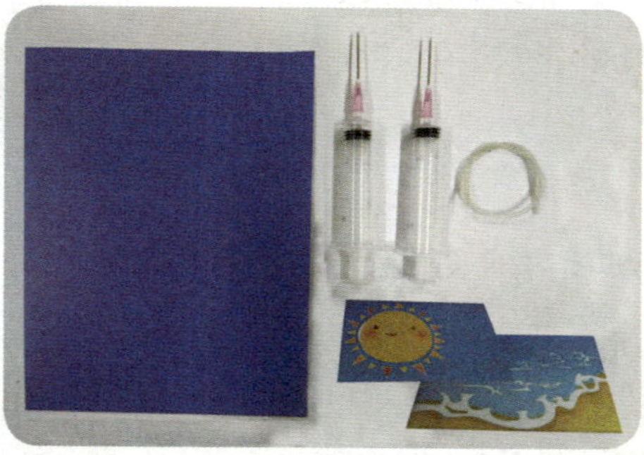

动手做

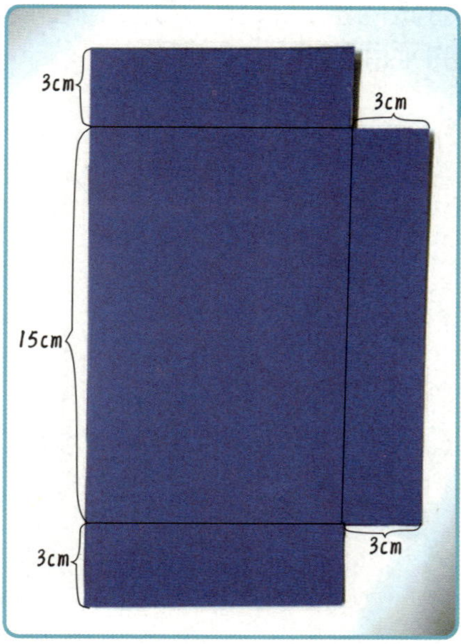

1 先做外盒。在塑料板上画出外盒的平面展开图并剪切。

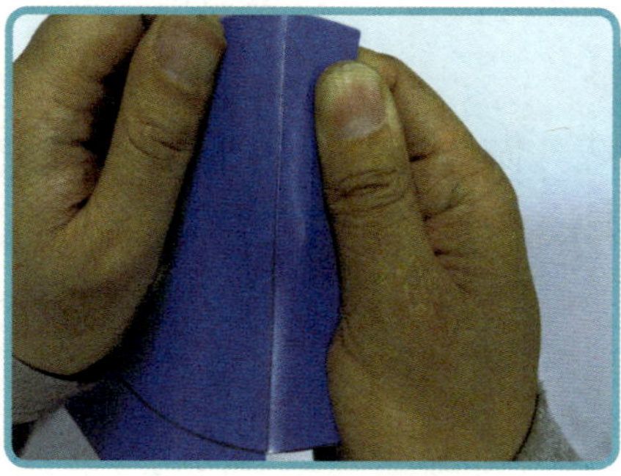

2 用刀轻轻划出痕迹，沿着划痕对折。

3 用透明胶把折角处粘贴好，内部用热熔胶固定。

4 把海景图粘贴在外盒上。

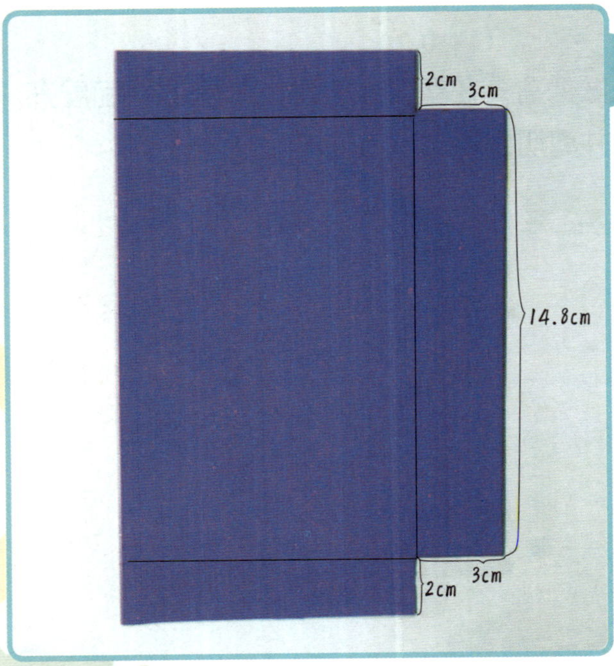

5 接着做内盒。在塑料板上画出内盒的平面展开图并剪切。

6 按照上面做外盒的方法，做出内盒，再把天空和太阳的图案黏贴在内盒上。

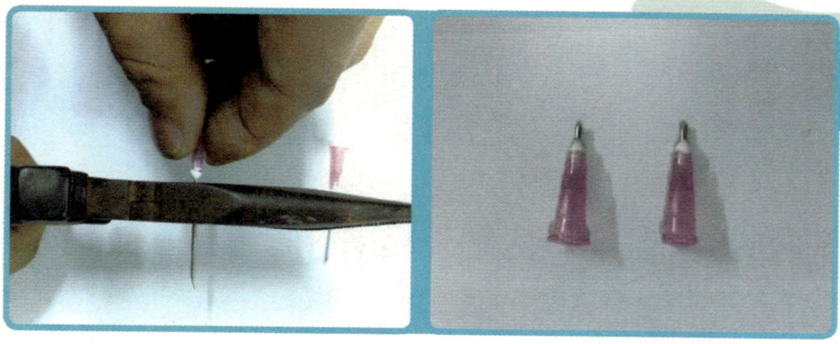

7 用尖嘴钳将针头的针尖剪除。

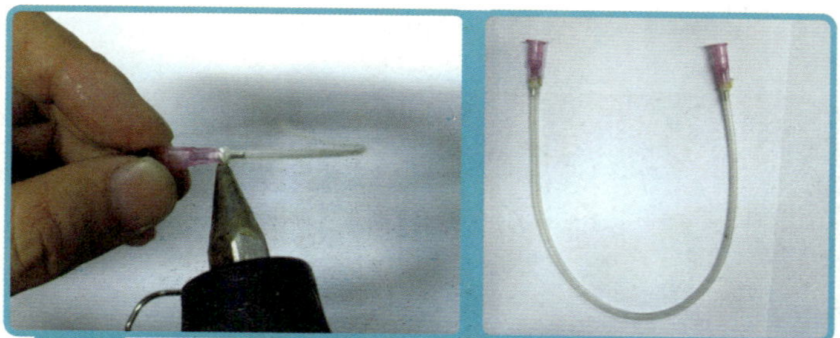

8 软管的两端分别套入剪好的针头，用热熔胶封口。

9 把外盒内盒套叠在一起。

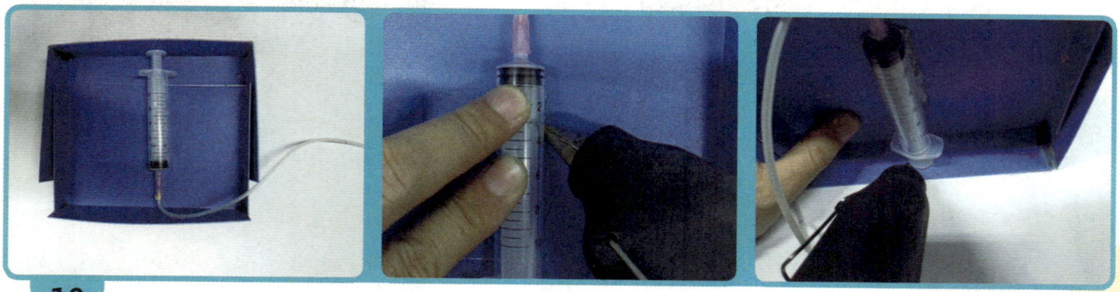

10 把套好针头的针筒用热熔胶固定在内盒的内壁，针筒活塞底部固定在外盒的内壁。

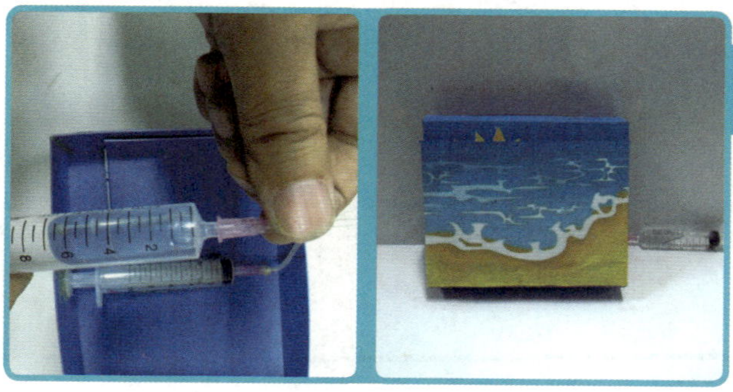

11 最后把另一个针筒注满水，接入针头，升降屏幕就做好啦！

一起玩

快按活塞，把水推入盒子内的针筒里，让太阳升起来！把活塞后拉，太阳就下山啦！

屏幕自动升降的奥秘在于利用液体的压力将内盒顶起。你还能用升降屏幕播放什么呢？一起策划一出有趣的舞台剧吧！

为自己点赞（给“点赞手”涂色）

- 做起来容易吗？
- 看起来漂亮吗？
- 玩起来有趣吗？

第9课

造车大王顶呱呱

你不仅学会了机械和传动的知识，而且动手制作出这么多有趣的科学玩具，不愧是勇气和智慧集于一身的小创客！

通过学习和制作，你能归纳出产品从构想到实物的完整过程吗？这个过程大致可以分为 6 个步骤：明确任务 ⟶ 初设计 ⟶ 讨论与修改 ⟶ 制作 ⟶ 测试与修改 ⟶ 展示与交流。

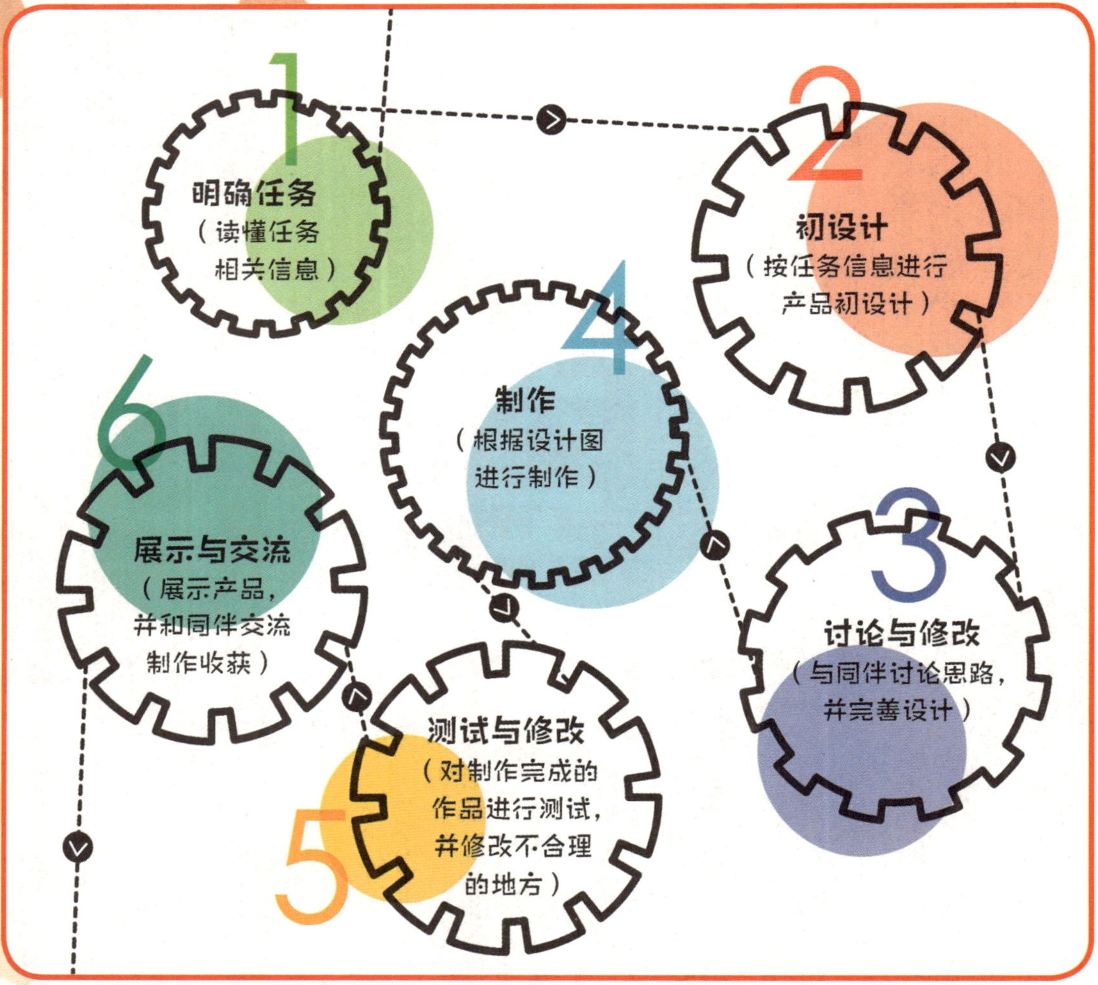

现在邀请你完成超酷的**终极**任务：

变身造车大王

利用所学的知识，自己设计制造一辆多功能车！

你一定已经准备好随时接受挑战！那一起出发吧！

设 计

工程师在发明创造之前会先进行设计！他们把设计思路转化为图像和文字，充分表达自己的创意和构想，为后面的制造过程奠定坚实的基础！所以，设计是工程技术的关键！

参考设计图

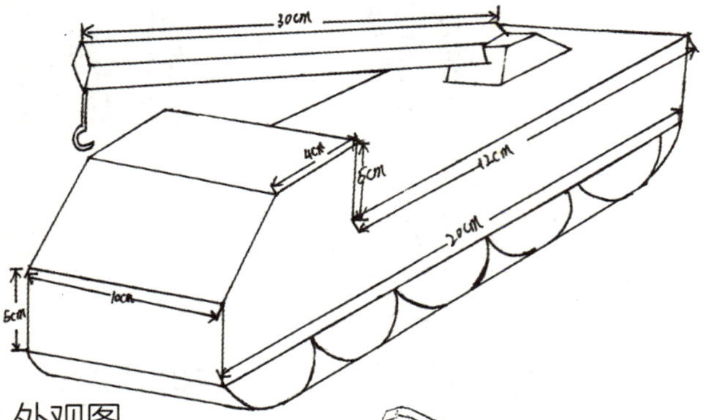

外观图

内部结构图（顶视）

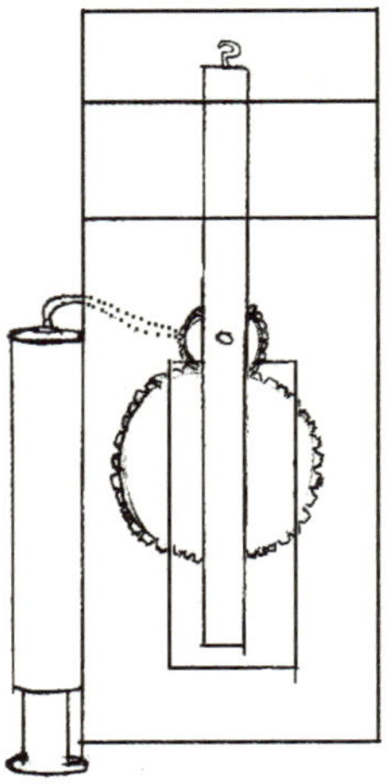

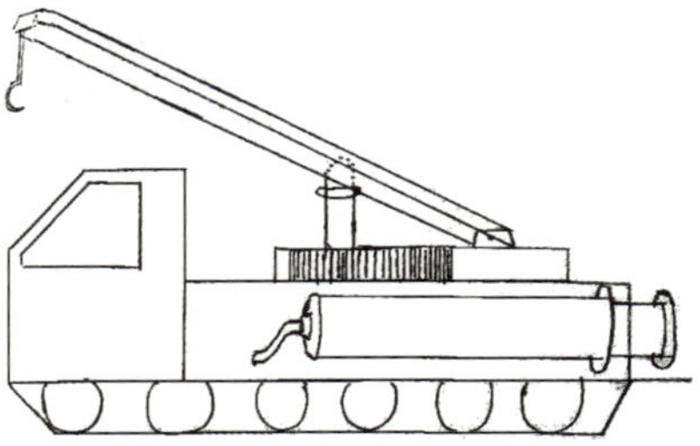

外部结构图（侧视）

画设计图（要考虑到车子的尺寸哦！）

制 造

工程师做好设计后，就要开始制造了！首先根据需要，准备可以利用的材料，还有必备的工具。然后不仅要动手，更要发挥聪明才智，解决制造过程中遇到的问题，直到把设计创意变成现实的物品！

材料

参考之前的制作，选择需要用到的组装部件，再增加需要用到的零件。比如，我们准备了：

液压吊臂装置 1 个

传送带装置 1 个

相互咬合的齿轮 1 对

螺丝 1 组

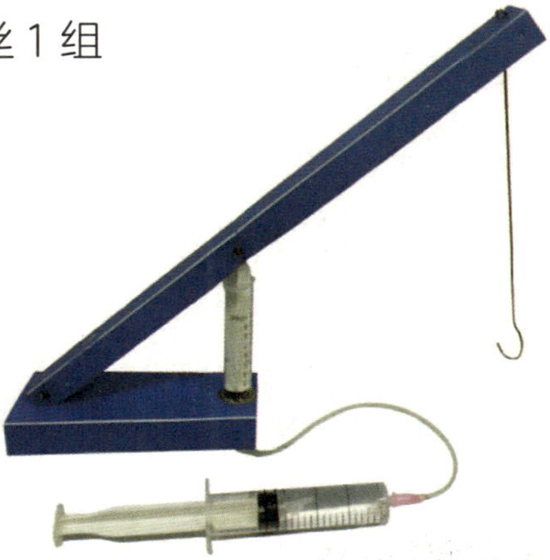

动手做

1

根据设计图测量出相应的尺寸，用铅笔画好制作辅助线。

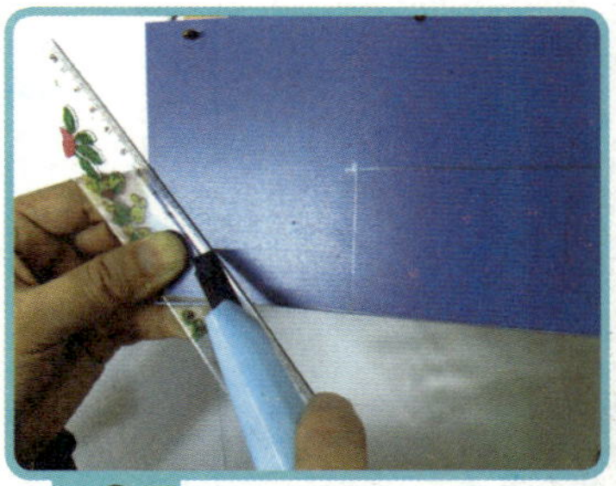

2

每条辅助线都用美工刀轻轻地划出痕迹。

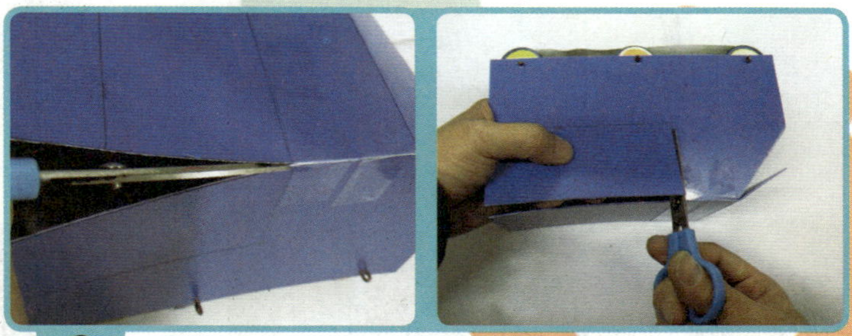

3

用剪刀加工塑料板，连接处可用透明胶固定后再剪。

4

沿着划痕折塑料板，小车的轮廓就形成了。

5

接着制作车前挡板。先测量车前挡板的尺寸。

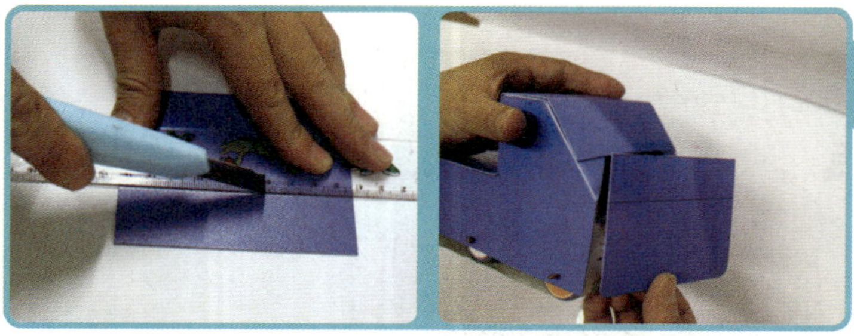

6 根据测量值裁剪塑料板。

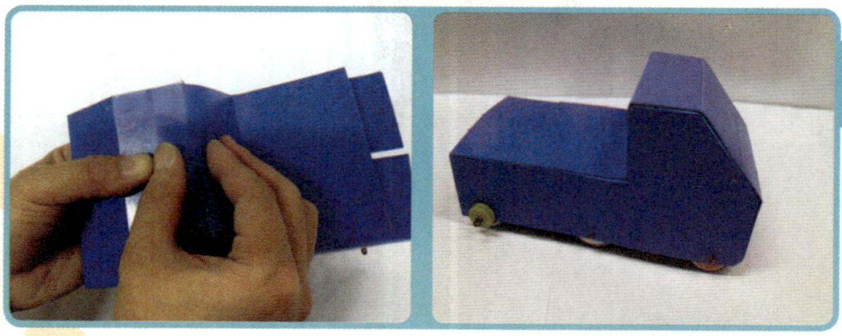

7 用前面的方法沿线折好，用透明胶把挡板和小车粘贴在一起。

8 接下来安装齿轮和液压臂。先测量两个齿轮之间的距离。

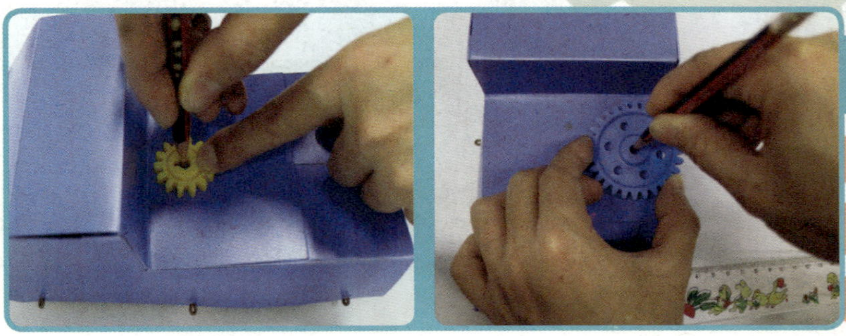

9 再在车身相应位置分别画出小齿轮和大齿轮的中心点。

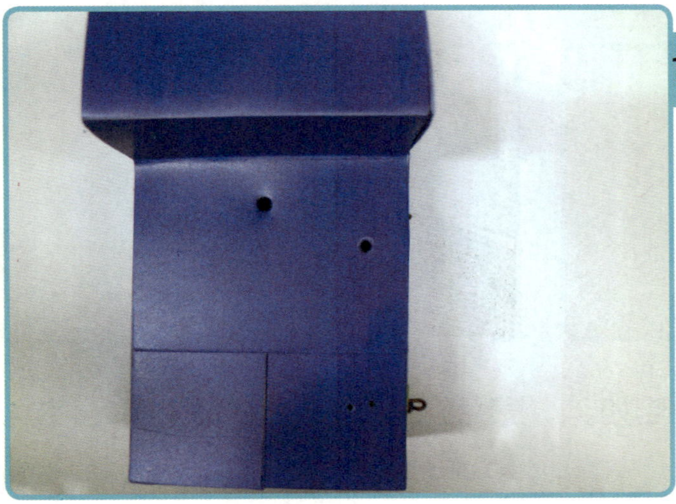

10 用锥子分别在标记的两个点打孔，注意孔打得大一点。

11 安装大齿轮，再用螺丝固定。

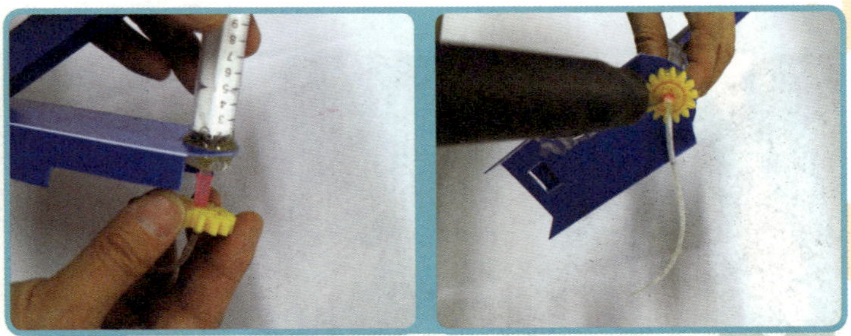

12 把小齿轮和液压装置安装在一起，用热熔胶固定。

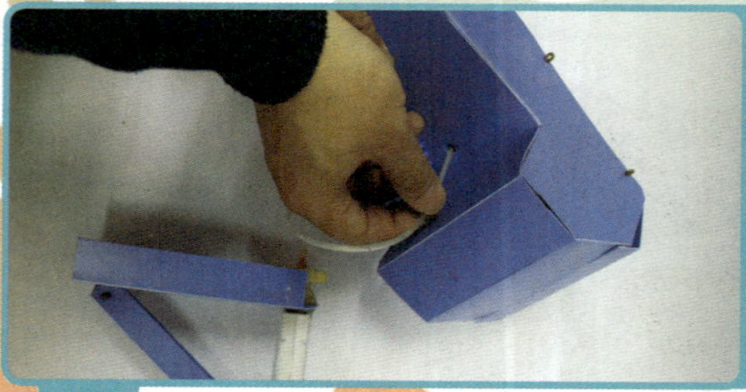

13

软管穿过按小齿轮圆心打的孔，组装液压臂与小车。

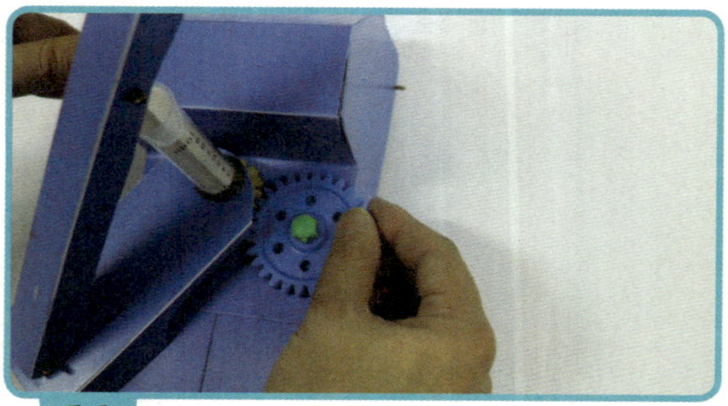

14

旋转大齿轮，看看吊臂旋转是否自如。

15

最后组装液压臂。在大号针筒中装入 15 毫升的水，然后把注射口与软管连接，用热熔胶固定。

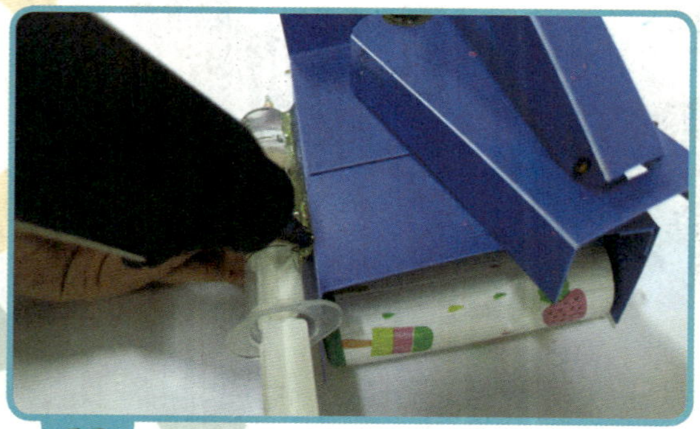

16

用热熔胶把大号针筒固定在车身的一侧。

17

多功能车组装完成！

美化你的车

左看看，右看看，好像听到多功能车在说话：“我要变美！”快发挥想象力，用你的一双巧手，把它打扮成你喜欢的样子！

一起玩

多功能车做好啦，快试试它的多功能！

大王来点赞（给“点赞手”涂色）

还能做出多少种不同功能的车呢？怎样才能发挥这些车的最大功效？这些问题一定难不倒你！快来点赞吧！

- 功能多
- 造得牢
- 外观美

恭喜你挑战成功！现在你就是造车大王！

你太棒了！期待你继续学习，多动脑筋，多动手，创造更多更新鲜的玩意儿，在玩转科学的道路上收获更多的“大王”称号！